Ao vivo da Ucrânia

João Alencar

Ao vivo da Ucrânia

OS BASTIDORES CRUÉIS DA GUERRA VISTOS POR UM JORNALISTA BRASILEIRO

© 2023 - João Alencar
Direitos em língua portuguesa para o Brasil:
Matrix Editora
www.matrixeditora.com.br
❶/MatrixEditora | ❷ @matrixeditora | ❸ /matrixeditora

Diretor editorial
Paulo Tadeu

Capa, projeto gráfico e diagramação
Patricia Delgado da Costa

Revisão
Adriana Wrege
Silvia Parollo

CIP-BRASIL - CATALOGAÇÃO NA PUBLICAÇÃO
SINDICATO NACIONAL DOS EDITORES DE LIVROS, RJ

Alencar, João
Ao vivo da Ucrânia / João Alencar. - 1. ed. - São Paulo: Matrix, 2023.
184 p.; 23 cm.

ISBN 978-65-5616-391-8

1. Ucrânia - História - Invasão russa, 2022-. 2. Ucrânia - Relações internacionais - Séc. XXI. I. Título.

23-86116   CDD: 947.7086
                  CDU: 94(477)"20"

Meri Gleice Rodrigues de Souza - Bibliotecária - CRB-7/6439

Sumário

Prefácio... 9

Introdução 13

CAPÍTULO 1
Revolução Maidan, novembro de 2013 a fevereiro de 2014 21

CAPÍTULO 2
A anexação da Crimeia, março de 2014 39

CAPÍTULO 3
Moscou, início da guerra, fevereiro de 2022 57

CAPÍTULO 4
De Moscou a Kiev 69

CAPÍTULO 5
Kiev, a angústia da invasão 83

CAPÍTULO 6
Bucha, Stoyanka, Makariv, Peremoha...
Os horrores da ocupação russa 103

CAPÍTULO 7
Borodyanka, Motyzhin... Crimes de guerra 125

CAPÍTULO 8
Luto na redação 137

CAPÍTULO 9
Trem secreto para Kiev 147

CAPÍTULO 10
**Zaporíjia: seis meses de guerra
na maior usina nuclear da Europa** 161

EPÍLOGO
Uma guerra imperialista 177

Ao meu pai, saudade infinita.
À minha mãe, exemplo infinito.

Eles foram os meus primeiros leitores, revisores.
O título deste livro, aliás, não é meu. É do meu pai.
Dez dias antes de nos deixar, eu enviei uma mensagem para ele:
"Nas ruas da Ucrânia".
Ele respondeu:
"Ao vivo da Ucrânia".

E a todos os pais, mães, filhos e filhas mortos na guerra.
Em especial a Frédéric Leclerc-Imhoff, colega de redação da BFMTV,
vítima de um ataque russo em maio de 2022.

Prefácio

O primeiro valor deste livro vem de ser um depoimento em primeira mão. Não é apenas o relato de uma testemunha. Vai além. É fruto do trabalho de quem se empenhou ativamente na cobertura do conflito.

É a guerra vista pelos olhos das pessoas que sofrem as consequências diárias. A obra se diferencia justamente pela humanidade das situações vividas pelo cidadão comum. Não é uma história militar.

O jornalista João Alencar raramente coloca em cena os militares de uma forma direta. Eles aparecem indiretamente, quando fiscalizam os passaportes nas estradas, por exemplo. É uma história humana da guerra, contada por mulheres, homens, idosos, crianças. Pessoas com quem o autor conversou. O que impressiona é o número muito grande de personagens, com nome e sobrenome, alguns querendo fugir, outros que, apesar do perigo, voltam do exterior em solidariedade.

Desde a primeira linha do texto, o livro segue com uma vivacidade de estilo que prende o leitor, sem perder tempo com introduções ou circunlóquio. Jornalista e cinegrafista, eu diria que João Alencar combina a capacidade de manejar as palavras como alguém que está acostumado a manejar as imagens, com a ideia do realismo do presente, da contundência daquilo que se vê. Além disso, traz consigo – e para o leitor – a vantagem de ter estado presente nos eventos que antecederam a invasão da Ucrânia, como a Revolução na Praça Maidan, em 2013 e 2014, e na anexação da Crimeia em março de 2014. São os primeiros capítulos do livro que permitem melhor compreender o conflito atual.

Em 2022, os relatos começam ainda em Moscou, seguido da estrada até Kiev, a passagem da fronteira... momentos que vão se desdobrando aos olhos do leitor como se ele estivesse presente. Isso só é possível graças ao estilo direto e fotográfico do texto.

Outro aspecto fundamental da obra é o testemunho sobre as atrocidades, sobre os crimes de guerra. Particularmente no Brasil, já que muitas pessoas têm pouco conhecimento do conflito e, devido a uma certa contaminação ideológica, duvidam dos fatos, pois acreditam ser propaganda de guerra. O melhor antídoto contra as falsas narrativas, contudo, é o relato de alguém que esteve presente, que percorreu as ruas das cidades de Bucha e Irpin, que viu com os próprios olhos os corpos de civis assassinados e deixados no chão. Documentos jornalísticos e históricos da guerra.

O encadeamento do livro mostra, aliás, quanto essa guerra é absurda. Fica clara a imagem de um sofrimento gratuito e inexplicável. Se por um lado existe o aspecto do heroísmo e da resistência das pessoas que não se entregam, do outro, são diversas as histórias doloridas daqueles que têm suas vidas interrompidas ou, ao menos, suspensas. O autor faz um julgamento que me parece bastante criterioso e equilibrado. A invasão da Ucrânia é uma agressão não provocada. Não há justificativa histórica nem moral.

Os argumentos ou a retórica russa de querer "desnazificar" e "desmilitarizar" a Ucrânia não passam de uma máscara para camuflar o verdadeiro objetivo. Antigamente, na época do stalinismo, no começo dos anos 1940, muitos utilizavam o argumento ideológico para disfarçar aquele problema que existe desde o início da humanidade: a busca do poder pelo poder. O desejo do controle e da dominação.

Naquela época, até mesmo a agressão à Polônia e a anexação dos países bálticos eram justificados com o argumento de que a União Soviética era a pátria do proletariado. Assim, tinha que ser protegida por um colchão de segurança. O fato de que isso provocasse o esmagamento de milhões de pessoas era secundário aos olhos daqueles ideólogos. Eles viam a realidade em abstrato. Por isso, acredito ser tão relevante a maneira pela qual o autor aborda os fatos, descrevendo a realidade humana diante dos olhos.

Qualquer paralelo com a Segunda Guerra Mundial termina quando se trata do armamento nuclear. Ou "o grande medo do século", como dizia o filósofo francês Emmanuel Mounier. Segundo ele, o que é novo com a arma atômica é que, pela primeira vez na história da humanidade, ela pode se suicidar. Antes, ainda que quisesse, ela não conseguiria. O poder destrutivo das armas não bastava. Hoje em dia, sim. Apesar de tudo, eu tenho esperança – não por acreditar na sabedoria humana, mas por instinto de sobrevivência dos homens – que se consiga evitar um conflito nuclear.

Até lá, a paz ainda parece longe dos campos de batalha da Ucrânia. A História nos mostra que a diplomacia só entra em cena quando há um cansaço dos combatentes. Ou quando há uma mudança em um dos países. Na Primeira Guerra Mundial, por exemplo, só houve espaço para o diálogo diplomático quando a frente austríaca e alemã entrou em colapso, começando a haver problemas internos na própria Alemanha e na Áustria. Foi algo similar na Rússia em 1917. Nos Estados Unidos, não foi diferente com a guerra do Vietnã. Por que, afinal, os americanos saíram perdendo na guerra? Porque o país estava pegando fogo: era a revolta dos estudantes. Na Universidade de Ohio, a Guarda Nacional havia matado quatro alunos. A retirada das tropas foi uma decisão política para impedir que a realidade interna se agravasse.

Quanto à guerra em solo ucraniano, João Alencar tem o mérito de nos trazer o primeiro longo testemunho de um jornalista brasileiro sobre o conflito que já dura quase uma década. Um trabalho sistemático de narração da guerra, baseado em depoimentos diretos.

No vivo relato, o autor menciona inclusive o momento em que as pessoas estão exaustas com a intensidade e duração dos bombardeios, que mesmo as sirenes antiaéreas já não as levam a procurar o abrigo todas as noites. É preciso dormir, mesmo sabendo que pode acontecer o pior.

Ao leitor fica a sensação do que, de fato, as pessoas estão vivendo no dia a dia. O quanto a tensão é permanente. Termina-se o livro muito mais informado. Como se, de certa forma, estivéssemos todos ali, testemunhando a história.

Rubens Ricupero

Diplomata de carreira, serviu como embaixador do Brasil nos Estados Unidos (1991-1993), na Itália (1995), nas Nações Unidas em Genebra (1987-1991) e chefiou as delegações brasileiras para o Conselho de Direitos Humanos da ONU e a Conferência da ONU sobre Desarmamento. Foi também secretário-geral da Conferência das Nações Unidas sobre Comércio e Desenvolvimento (UNCTAD) entre 1995 e 2004.

Introdução

Naquela fria manhã de primavera com cara de inverno em Kiev, a minha ideia era ficar no hotel, fazer algumas entradas ao vivo e, sobretudo, editar a matéria que havia gravado na véspera, com o meu colega francês Jérémie Paire e o nosso tradutor ucraniano Maksim Zaitsev. Era um domingo, dia 3 de abril de 2022.

Histórias registradas em Peremoha, cidade na periferia leste da capital, onde sobreviventes contavam que os russos entraram nas casas, dormiram em suas camas, se serviram da comida. Os ucranianos foram reféns, prisioneiros em suas próprias casas. Fugir já não era opção. Havia tanques russos nos jardins. A cidade havia sido tomada pelo inimigo, invadida durante um mês. Eram essas as histórias que iríamos contar na reportagem especial que estávamos preparando no quarto do hotel, próximo à Praça Maidan, no centro da capital ucraniana.

A manhã havia começado relativamente calma, sem sirenes antiaéreas. Enquanto tomávamos um café improvisado e eu começava a abrir o programa de edição de imagens no computador, o nosso fixer Maksim – tradutor e colega fundamental – nos alertou para uma foto terrível que ele acabara de ver no Twitter: quatro corpos, jogados numa vala comum, enterrados pela metade. O texto escrito em ucraniano dizia apenas que era "a prefeita da cidade de Motyzhin e sua família, mortos com uma bala na cabeça, por não aceitarem colaborar com os russos". Era urgente irmos até lá verificar se aquelas informações publicadas em um perfil qualquer, com poucos seguidores, seriam de fato reais.

Fazia pouco mais de 24 horas que o mundo, via imprensa internacional, começava a descobrir as atrocidades cometidas pelos soldados russos que se retiravam da região de Kiev. Seriam esses novos casos de assassinato de civis – crimes de guerra – como os relatados em Bucha?

O massacre de Bucha – pequena cidade na periferia oeste de Kiev, onde cerca de 700 civis foram mortos e cujas imagens percorreram o mundo – já é história. Estará nos livros. Mas não foi exceção. Motyzhin, um vilarejo a 50 quilômetros da capital ucraniana, um pouco mais distante do que Bucha, seria manchete internacional nos dias seguintes. Fomos os primeiros jornalistas estrangeiros a entrar na cidade.

Apesar da pouca distância de onde estávamos, levaríamos quase uma hora e meia para chegar, por causa dos *checkpoints* e de algumas rodovias fechadas pelas autoridades ou destruídas pela guerra. Ligamos para a redação da TV e pedimos o aval da chefia de reportagem para cancelar as entradas ao vivo e pegar a estrada. Quanto àquela edição, que seria iniciada no hotel, ficaria para mais tarde.

Saímos em busca da notícia. De mostrar ao mundo o que precisava ser visto. Em uma das entradas da cidade, fomos barrados por militares no checkpoint, que controlava todos os carros que passavam pela estrada. Oficialmente, não tínhamos o direito de estar ali. Um toque de recolher havia sido decretado para reduzir o número de pessoas nas ruas e evitar os riscos de explosão. O medo era de que os russos tivessem minado a área antes de sair.

Demos a volta – trinta minutos de estrada até o outro acesso à cidade. Mais um checkpoint. Dessa vez, a justificativa de que estávamos a trabalho funcionou. Passamos sem problemas. Na nossa chegada, na rua principal de Motyzhin, vemos um grupo de dez pessoas em torno de um carro da polícia. Nosso tradutor nos apresenta a eles. São moradores locais que tentam convencer os policiais a levá-los até a fossa comum, onde estariam os corpos da prefeita da cidade, de seus parentes e de outros desaparecidos.

Chego a pensar que os policiais vão nos impedir de acompanhá-los. O que acontece, no entanto, é justamente o contrário. A nossa presença é testemunho. Os moradores nos dizem para entrar no carro e segui-los. Vamos em direção a uma fazenda, no limite da cidade, onde os russos ergueram o seu quartel-general durante as semanas de ocupação.

São os policiais que empurram cuidadosamente um grande portão de ferro na entrada da propriedade. Os moradores entram, um a um, seguindo um pequeno caminho de terra no meio da grama. "Cuidado, não pisem fora do caminho. Nem um passo para o lado", insistem, repetidamente, os policiais. Mais uma vez, havia o medo de que os russos tivessem instalado minas na região antes de fugir.

Seguimos então os moradores, numa fila indiana, por cinco a dez minutos fazenda adentro. Sabíamos que estávamos indo em direção a uma cena de horror. Não esperávamos que houvesse outras.

Ao lado de uma casa em ruínas, o grupo se aproxima de um poço de água. De concreto, circular, com um metro de diâmetro por três de profundidade. Sem entender tudo o que os moradores dizem entre eles, eu filmo a reação de uma mulher, já idosa, que vagarosamente curva o corpo para olhar o buraco do poço. Ela leva, então, as mãos aos olhos, como se tentasse se proteger do horror da realidade. O marido havia sido preso pelos russos no dia 25 de março, nove dias antes, quando ajudava um vizinho ainda mais idoso. O homem estava desaparecido desde então. Acabava de ser encontrado. O corpo.

"Pelo menos, esses bastardos não tiraram a aliança dele", diz ela, lacrimejando, olhando o corpo do marido a distância e tocando carinhosamente o próprio anel, que simbolizava uma união de décadas. Tatiana e Igor tinham decidido ficar na cidade, para ajudar aqueles que não tinham como fugir e cuidar de animais abandonados.

Sem poder retirá-lo do fundo do poço, uma vez que mesmo os corpos poderiam estar minados, os moradores seguem em direção à vala coletiva, no meio da floresta, já detrás da fazenda. Outro choque. De todos.

Olga Sukhenko, de 50 anos, era a prefeita da cidade. Seu marido, conselheiro municipal. Tinham dois filhos. O mais novo, de 25 anos, morava com os pais. Os três corpos estavam ali: mãe, pai e filho. Executados com um tiro na cabeça havia pelo menos dois dias.

Os moradores olham, incrédulos. Os corpos estão jogados num grande buraco, de uns dez metros de largura, cavado entre as árvores. A terra, meio lamacenta por causa do inverno chuvoso no país, cobre apenas algumas partes de cada corpo. Todos os rostos estão à vista.

Mal precisamos fazer perguntas. São eles que querem falar. "Olhem isso, a prefeita e todos eles foram torturados, tiveram os dedos quebrados, as unhas arrancadas. É um crime selvagem. Por que, por quê? Nós não fizemos nada", questiona Oleg, sem resposta.

Uma frase, repetida várias vezes por outro morador, de seus 60 anos, ressoa como um eco na minha cabeça desde aquele dia: "Filmem! Filmem! Filmem! É preciso mostrar isso para o mundo".

Aquela cena macabra de tortura e execução seria infelizmente apenas uma entre tantas das quais seríamos testemunhas naquela missão, em abril de 2022. Era a minha sexta vez no país. Não seria a última. Em cada uma, uma realidade distinta.

KIEV, FUTEBOL E BRASIL

A primeira vez que fui à Ucrânia, porém, nada tinha a ver com a guerra. Foi para cobrir uma disputa em que o objetivo final era conseguir chegar ao Brasil. Sim, eram as eliminatórias para a Copa do Mundo de 2014. A batalha era dentro de campo. A revolução ucraniana? Derrotar a favorita França.

No Estádio Olímpico de Kiev, os franceses viveram um inferno. Inferno da bola, claro. Mais de 60 mil ucranianos empurraram a seleção da casa numa vitória histórica contra os Bleus: 2 x 0, gols de Zozulya e Yarmolenko. Na arquibancada, lá estava eu, no meio dos quase dois mil torcedores franceses, gravando cada reação, cada reclamação contra Pogba, Ribéry e Benzema, os então craques do time.

Eu e o meu colega Emmanuel Goubert tínhamos chegado a Kiev na véspera do jogo, no dia 14 de novembro de 2013. Trabalhávamos para o canal de notícias 24 horas ITélé. A nossa missão era acompanhar os torcedores do time comandado por Didier Deschamps, no primeiro jogo da repescagem para a Copa do Mundo do Brasil em 2014.

A França tinha ficado em segundo lugar no grupo I, atrás da

Espanha, e jogava então a partida de ida contra a Ucrânia, segunda colocada do grupo H, atrás da Inglaterra. Para os milhares de franceses no estádio, a classificação para o Mundial era uma certeza. A derrota, uma tragédia inesperada.

Ninguém na arquibancada, naquela noite gelada do outono ucraniano, poderia imaginar a vitória parcial da Ucrânia num confronto de ida e volta. Muito menos o que aconteceria com o país poucas semanas depois.

Em Paris, cinco dias após o jogo de ida, a França responderia com algo inédito nas repescagens europeias. Pela primeira vez na história, uma seleção conseguia reverter dois gols de diferença: 3 x 0 no Stade de France, com gols de Sakho, Benzema e um gol contra do ucraniano Gusev – 3 x 0, como na final da Copa de 98.

A França já sonhava com o Maracanã. A Ucrânia, eliminada da Copa, pouco teria a se importar com o futebol a partir dali. Apenas doze dias depois, lá estava eu voltando para Kiev, para a praça central da cidade. Era o início da Revolução Maidan. Milhares de jovens nas ruas, a favor da aproximação política com a União Europeia. E, por consequência, mais longe de Moscou.

Derrubada do regime, territórios perdidos e um conflito interno se avizinhavam. A guerra de 2022 começara muitos anos antes.

UCRÂNIA E RÚSSIA: AMOR E ÓDIO

Um casamento forçado. Durante séculos, Ucrânia e Rússia viveram juntas. Compartilharam recordações históricas, alianças e juramentos eternos. Uma união que talvez, para o mundo exterior, pudesse aparentar felicidade. Não era. Era submissão, dependência. Um casamento tóxico. Sob a autoridade dos czares durante o Império Russo ao regime soviético de Stalin, os ucranianos foram tratados como parte inferior na relação. Vassalos, a serviço de Moscou.

"Estou convencido de que a verdadeira soberania da Ucrânia só é possível em parceria com a Rússia", escreveu o presidente Vladimir Putin, num artigo publicado no site do governo russo, em julho de 2021. O objetivo: demonstrar as razões que justificariam a reunificação dos dois países.

"Nossos laços espirituais, humanos e civilizacionais foram formados por séculos e têm suas origens nas mesmas fontes, foram fortalecidos por provações, conquistas e vitórias comuns. Nosso parentesco foi passado de geração em geração. Está nos corações e memória das pessoas que vivem na Rússia e na Ucrânia modernas, nos laços de sangue que unem nossos milhões de famílias. Juntos, sempre fomos e sempre seremos muito mais fortes e mais bem-sucedidos, porque somos um só povo", afirmou Putin, sete meses antes do início da invasão.

Publicado em russo, ucraniano e inglês, o texto era uma mensagem para o mundo. Segundo o chefe do Kremlin, a Revolução Maidan de 2013-2014 fez parte de uma manobra do Ocidente para enfraquecer a Rússia, e não, como demonstram os fatos, um movimento popular contra um regime corrupto.

Na madrugada do dia 24 de fevereiro de 2022, poucas horas antes dos primeiros ataques aéreos, é o presidente ucraniano Volodymyr Zelensky que faz um pronunciamento na televisão. Primeiro, falando em ucraniano, ele alerta que uma invasão russa poderia ser o início de uma grande guerra no continente europeu. Ele diz que tentou em vão conversar com o presidente russo e que Moscou tem cerca de 200 mil soldados e milhares de veículos de combate na fronteira entre os dois países.

Em seguida, Zelensky começa a falar em russo, dirigindo-se diretamente à população civil do país vizinho, pedindo-lhes que não apoiem o conflito desejado pelo Kremlin. "Eles dizem que a guerra vai libertar o povo ucraniano, mas os ucranianos são livres. Quem pode parar a guerra? Pessoas. E essas pessoas são vocês. Eles dizem ainda que odiamos a cultura russa. Como alguém pode odiar a cultura russa? Ou qualquer outra cultura? Os vizinhos sempre se enriquecem culturalmente. Somos diferentes, mas isso não é motivo para sermos inimigos."

O presidente ucraniano declara ainda que, se houver uma invasão, o país não irá se render. "Não precisamos de uma guerra, nem fria, nem quente, nem híbrida. Mas, se as tropas nos atacarem, se tentarem tomar o nosso país – a nossa liberdade, nossas vidas, as vidas de nossos filhos –, nós nos defenderemos. Se eles nos atacarem, verão nossos rostos, não nossas costas", prometeu.

UM CONVITE PESSOAL

Caro leitor, estou consciente de que o convite para ler este livro é pessoal, um chamado para a reflexão, a introspecção. São páginas que relatam a resiliência, o combate, a fuga, a aflição de um povo. Nem todas as histórias de reportagens aqui são facilmente contadas numa mesa de amigos.

Poderíamos conversar sobre outras coberturas que vivi, como a reeleição de Barack Obama nos Estados Unidos, em 2012, a Copa do Mundo no Brasil, em 2014, sobre o fascinante Irã, a intrigante Líbia, o complexo Egito ou, ainda, a emoção do funeral de Maradona, em 2020. Quem sabe um dia.

Ser testemunha de uma guerra, no entanto, de nada valeria se não fosse para compartilhar. Mostrar ao mundo tudo aquilo de que nós, seres humanos, somos capazes. Expor para que não se repita. Nem que isso seja uma utopia.

Na Ucrânia, relatei dezenas dessas histórias individuais em francês, no calor do momento, muitas vezes ao vivo, trabalhando para canais de notícias de Paris, onde moro desde 2009.

Agora, é em português que o convido para conhecer pessoas incríveis, destinos inimagináveis, cenas inconcebíveis e, infelizmente, saber que milhares de vidas foram interrompidas pelo horror da guerra.

Ucrânia antes da invasão

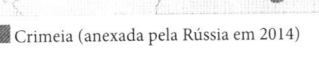
Crimeia (anexada pela Rússia em 2014)

Ucrânia após um ano de invasão

■ Áreas sob controle russo   ■ Crimeia
■ Áreas retomadas pela Ucrânia   ▫ Regiões fronteiriças
☻ Tropas russas

CAPÍTULO 1

Revolução Maidan, novembro de 2013 a fevereiro de 2014

Já é época de Natal. Iluminação especial nas ruas. Na praça central de Kiev, a tradicional árvore gigante, com mais de dez metros de altura. Ao lado, uma feira de comida e artesanato, com estandes de madeira, deveria completar o cenário de fim de ano na capital ucraniana. Deveria. Em dezembro de 2013, no entanto, os galhos de pinheiro não cobrem a estrutura de metal em forma de árvore. No lugar do símbolo natalino, dezenas de faixas de protestos contra o presidente Viktor Ianoukovitch. Os galhos – ou pequenas árvores de Natal – servem agora a outra construção: as barricadas.

Na segunda-feira, 2 de dezembro, eu e Emmanuel Goubert voltamos a Kiev para cobrir os protestos que tomavam a Praça da Independência. Justamente naquele dia, os manifestantes começaram a construir as barreiras nas ruas que davam acesso ao local. Pedaços de ferro, metal, madeira, pneus se empilhavam. Eles eram, em grande maioria, jovens e estudantes. Estavam na linha de frente dos protestos.

O primeiro grupo com quem conversamos é de alunos da Universidade Politécnica de Kiev. Há uma semana que eles alternam aulas e manifestações. Naquela tarde, eles vinham todos juntos direto do *campus* para a praça central, carregando um cartaz nas mãos: "Estudantes contra a violência". Alexandra, jovem universitária, diz que o movimento de manifestações é o grito de uma juventude que tem os olhos virados para a Europa. "Eu estou aqui pela liberdade da Ucrânia, pela minha liberdade individual, mas também pelos meus pais e o nosso futuro. Eu quero viver aqui, mas quero poder ver o mundo, fazer parte da União Europeia."

As árvores de Natal se tornam barricadas na Praça da Independência, no centro de Kiev. Dezembro de 2013.

Dezenas de bandeiras do bloco europeu são levantadas como símbolo da revolta. Já Yarolasv, que também faz parte do grupo de estudantes, está enrolado na bandeira ucraniana. Aos 20 anos, ele nos explica querer continuar a queda de braço com o presidente. "O nosso governo já mostrou que não quer dialogar com as pessoas pelos meios democráticos. E nós queremos mostrar para eles que vamos continuar aqui de forma pacífica. E agora nós queremos a renúncia do governo." O "agora", nas palavras de Yarolasv, é em resposta à violência policial que acontecera no fim de semana.

O movimento de contestação havia começado no dia 21 de novembro, quando centenas de pessoas se dirigiram à Praça da Independência, em protesto contra a decisão do presidente Viktor Ianoukovitch de não assinar o acordo de associação com a União

Europeia. Em poucos dias, os manifestantes não seriam centenas, mas milhares de ucranianos reunidos contra o que eles consideravam uma traição de Ianoukovitch. "Liberdade ou morte", "Bandidokovitch", diziam alguns cartazes colados na estrutura da árvore de Natal.

Surpresa e decepção. A uma semana da assinatura do acordo prevista na cúpula de chefes de Estado e de Governo da União Europeia em Vilnius, na Lituânia, o presidente ucraniano declara, num pronunciamento na televisão, que não irá assinar o documento. O plano, segundo ele, "é organizar discussões trilaterais entre Ucrânia, Rússia e União Europeia sobre as dificuldades econômicas do país".

O acordo era negociado desde 2007, e, além de facilitar as relações comerciais entre o país e o bloco europeu, os ucranianos se beneficiariam de isenção de visto para estadas de curta duração nos países da União Europeia.

Durante uma semana, os protestos ocorrem de forma pacífica, sem confronto com a polícia. No sábado, dia 30, porém, o cenário é diferente. A tropa de elite da polícia – os chamados Berkouts – é enviada à praça para expulsar os manifestantes. Dezenas de bombas de gás lacrimogênio são jogadas. Tiros com bala de borracha e cassetetes são utilizados sem distinção contra todos que se opõem à operação determinada pelo Ministério do Interior. Dezenas de feridos. As imagens de violência policial causam escândalo e provocam a primeira mudança no tamanho dos protestos. Servem de combustível para a revolta. A liberação da praça não duraria nem 24 horas.

DE REVOLTA À REVOLUÇÃO?

No dia seguinte, centenas de milhares de pessoas saem às ruas novamente. Segundo a imprensa local, é a maior manifestação da história do país desde a independência, em 1991. Dessa vez, os gritos não são apenas contra a decisão política do presidente de recusar o acordo europeu. Eles querem punição aos responsáveis pelas agressões. A Praça da Independência é ocupada mais uma vez. Uma nova palavra de ordem passa a ser clamada constantemente: revolução.

A 500 metros da praça, na mesma Avenida Khreschatyk, a sede da prefeitura da cidade é tomada pelos manifestantes. Sem resistência. Na placa oficial da fachada do prédio, um cartaz indica "Quartel-general da Revolução".

A porta está aberta. Ao entrarmos, uma imponente escadaria leva ao grande Salão das Colunas, onde acontecem as reuniões do conselho municipal. Naquele momento, dezenas de jovens subiam as escadas com garrafas de água para serem distribuídas. Outros dormiam deitados no tapete, encostados nas paredes. Conversamos com um militante político da oposição, que agora ajudava na organização do local. "O nosso principal papel é prestar assistência aos manifestantes nas ruas. Para que tenham o que comer, para que durmam e descansem um pouco aqui do lado da praça", nos explicou Sergey Rudik.

Se todos ali na prefeitura desejavam que os protestos virassem de fato uma revolução, o governo do presidente Ianoukovitch denunciava os métodos ilegais para derrubar o poder. Foi o que afirmou, naquele dia, o primeiro-ministro Mykola Azarov: "O que está acontecendo mostra todos os sinais de um golpe".

Em Moscou, o presidente russo Vladimir Putin, que desempenhou um papel decisivo na dissuasão de Kiev de assinar o acordo com a União Europeia, critica as manifestações, afirmando que "mais parecem um *pogrom* do que uma revolução". *Pogrom*, na Rússia czarista, era um movimento popular de violência organizado contra um grupo étnico ou religioso. Faz alusão, sobretudo, ao conjunto de perseguições e crimes praticados contra os judeus.

Para aqueles jovens manifestantes, no entanto, os protestos nada tinham de perseguição política, nem golpe. Ao contrário, segundo eles, era um combate por um sistema de democracia mais justo, com menos corrupção, mais próximo da Europa e mais distante da Rússia. Ou seja, mais uma vez na história, a Ucrânia se encontrava no meio de dois potentes vizinhos: o bloco europeu e a Federação da Rússia. Uma prorrogação da Guerra Fria.

HISTÓRIA DE UMA NAÇÃO SEM ESTADO

Situados na encruzilhada de vários impérios ao longo do tempo, os ucranianos reivindicam uma história milenar. Os primeiros registros datam do século IX. Eram os Rus de Kiev, uma confederação de tribos eslavas que existiu entre os séculos IX e XIII. "Devido à sua composição multiétnica, incluindo tribos eslavas orientais e seu funcionamento político, os Rus de Kiev não podem ser assimilados a um Estado nacional, mesmo que ucranianos e russos briguem pela sua herança", explica a cientista política Alexandra Goujon, no livro *Ucrânia: da independência à guerra** (em tradução livre).

Após quatrocentos anos de confederação, em 1240 Kiev é sitiada e controlada pelo Império Mongol. O domínio duraria um século. Em 1362, os invasores asiáticos foram expulsos da região pelo Grão-Ducado da Lituânia, aliado da Polônia. Com a formação da chamada República das Duas Nações, em 1569 – que uniu o Reino da Polônia e o Grão-Ducado da Lituânia –, os ucranianos, ortodoxos, são submetidos a uma dominação política e cultural dos vizinhos católicos. Eles são muitas vezes excluídos dos perímetros urbanos, sendo obrigados a viver no campo.

É nesse contexto que surgem os cossacos, hoje muito associados à essência do povo ucraniano. A palavra significa "guerreiro livre", e os cossacos eram justamente famosos pela capacidade militar. Aliás, quase quinhentos anos depois, o refrão do hino nacional faz referência aos guerreiros. "Pela nossa liberdade daremos nossas almas e nossos corpos / E provaremos, irmãos, que somos da linhagem dos cossacos", cantam os jovens em 2013, na praça central de Kiev.

A partir do século XV, os cossacos vão primeiro defender a população camponesa dos ataques dos povos tártaros. Em seguida, se convertem à religião ortodoxa e começam a combater também os dominadores poloneses. Luta que dura até a revolta de 1648, liderada pelo chefe cossaco Bohdan Khmelnitski. O objetivo: criar um reino independente da Ucrânia. Khmelnitski ganha a guerra contra os poloneses, mas se vê forçado a procurar apoio militar externo –

**L'Ukraine: de l'indépendance à la guerre*. Le Cavalier Bleu, 2022. Não editado no Brasil.

um tratado que ele assinaria em 1654, com o então czar da Rússia, Alexei Romanov. Um compromisso que ligaria definitivamente os dois povos até hoje. Se para os ucranianos era, acima de tudo, um pacto militar, para os russos o acordo foi interpretado como dependência, subordinação ou, ainda pior, unificação. Foi o chamado Tratado de Pereslávia.

Apenas treze anos depois, um novo acordo entre poloneses e russos dividiria novamente a Ucrânia. O rio Dniepre, que atravessa o país de norte a sul, viria a se tornar fronteira. Do lado oeste, o domínio polonês; a leste do rio, a Rússia.

As dificuldades dos ucranianos para constituir o próprio Estado foram resumidas pelo filósofo francês Voltaire em 1737, no livro *Histórias de Carlos XII*. "A Ucrânia sempre aspirou ser livre; mas, estando cercada pela Moscóvia, pelos Estados do Grande-Senhor (Império Otomano) e pela Polônia, ela teve que procurar um protetor e, consequentemente, um mestre, em um desses três Estados. Ela primeiro se colocou sob a proteção da Polônia, que a tratou como súdita; ela então se entregou ao moscovita, que a governou como escrava o máximo que pôde", escreveu Voltaire.

Essa situação duraria ainda mais de duzentos anos após a morte do iluminista francês. No final do século XVIII, quase todo o atual território ucraniano ficou sob o controle do Império Russo. Até mesmo o termo "Ucrânia" foi banido oficialmente; falava-se em "pequena Rússia" para se referir às terras mais a oeste do império. A língua ucraniana foi igualmente proibida.

Foi apenas em 1917, com a Revolução Bolchevique e a queda do império dos czares, que o país conseguiu pela primeira vez a independência. É a chamada República Popular da Ucrânia, com a capital em Kiev. O destino, porém, se repete mais uma vez: quando um dominador desaparece, outro surge ao lado.

Nesse caso, a divisão é interna. O país não está unido. A leste, na região de Kharkiv, outro Estado é criado: a chamada República Socialista da Ucrânia, fundada pelos revolucionários bolcheviques locais. É esse regime que seria implantado definitivamente em todo o país, em 1922, com a criação da União das Repúblicas Socialistas Soviéticas (URSS) e o apoio do Exército Vermelho.

Um período de quase setenta anos, em que a população foi novamente submetida a severas restrições políticas, econômicas e sociais. O mais terrível capítulo da história moderna da Ucrânia ficou conhecido como Holodomor: o genocídio pela fome.

A crueldade maior? A fome em uma região muito rica em cereais. A partir de 1930, o poder central da União Soviética ordena o confisco da produção de trigo do país. A exportação de cereais financiaria o plano de industrialização do regime. Todos os grãos, sem exceção, são retirados dos agricultores. Quando muitos tentam fugir, Stalin fecha as fronteiras da Ucrânia. Condena à morte famílias inteiras. Estima-se que cerca de quatro milhões de ucranianos morreram de fome, entre 1931 e 1933.

Com a queda do bloco soviético surgiria, enfim, a oportunidade do Estado independente tão desejado, como dizia Voltaire. Um referendo foi organizado pelo parlamento.

No dia 1º de dezembro de 1991, uma só pergunta devia ser respondida: "Apoia o ato de Declaração de Independência da Ucrânia?". Não houve dúvida, 92% dos ucranianos responderam que sim.

MAIDAN - A PRAÇA

Voltemos à Praça da Independência (*Maidan Nezalezhnosti*), no centro de Kiev – ou como é popularmente chamada: Maidan. Em ucraniano, *maidan* significa simplesmente "praça".

Uma fina camada de neve cobria as barricadas. Além da repressão policial, era preciso resistir às temperaturas negativas do final do outono. Dezenas de fogueiras eram acesas dentro de barris de ferro. Um cheiro de madeira queimada tomava conta do local. As rodas de discussões eram bilíngues, falava-se em ucraniano ou em russo – como em qualquer parte do país. Havia até uma tenda religiosa, cristã, para aqueles que quisessem um espaço mais calmo para meditar e rezar. Outras barracas de lona serviam como local de distribuição de comida e bebidas quentes, e um grande palco com um telão para a intervenção de líderes da oposição completavam aquele ambiente surrealista no centro da capital.

Em uma entrevista coletiva, três representantes da oposição – mas de partidos opostos – lado a lado. Primeiro, o jurista pró-Europa e ex-chefe do parlamento, Arseni Iatseniok. Ele pedia que novas eleições presidenciais e legislativas fossem realizadas em breve. "Essa não é a demanda da oposição. Essa é a demanda do povo. O povo exige justiça. O povo quer mudança."

Em seguida, o líder do partido de extrema direita Oleh Tyahnybok pediu uma greve geral no país para pressionar o congresso. Por fim, o ex-campeão mundial de boxe Vitali Klitschko, presidente do partido Oudar, mais ao centro, prometeu dar um nocaute no governo: "As pessoas estão nas ruas porque estão decepcionadas com os governos que triunfam e que não mudam a situação delas. A corrupção prevalece e as leis nem sempre são respeitadas. Temos que mudar o sistema", disse o ex-lutador.

Um sistema de corrupção presente na maioria das administrações e serviços públicos. Para a reportagem seguinte sobre como essas práticas ilegais afetam o cotidiano das pessoas, nós decidimos, então, ir em busca de um exemplo concreto de abuso de poder. Na periferia residencial de Kiev, fomos à casa de Natalia Tolub, 35 anos, jornalista e assessora de imprensa. Ela, o marido e a filha Dasha, de quatro anos, moram num apartamento de dois quartos. Ela nos oferece um chá e nos mostra uma pasta com todos os documentos do imóvel.

Natalia conta que há dois anos a vida deles se tornou um inferno. O prédio foi construído em um antigo terreno do Ministério da Defesa. A construtora, com a qual ela tinha assinado o contrato inicialmente, se associou com um grande oligarca do país meses depois. Ela continuou pagando as parcelas do imóvel como previsto, até o dia em que os dois sócios brigaram e a empresa do oligarca exigiu que tudo fosse pago uma segunda vez, já que eles não estavam recebendo a parte prometida pela construtora. Caso contrário, Natalia seria considerada inadimplente, correndo o risco de despejo.

Para Natalia, toda a administração pública está a serviço dos oligarcas, por isso a pressão para que ela saia do apartamento. Ela nos mostra a última carta que recebeu: "Os fiscais acabaram de convocar minha filha de quatro anos para testemunhar no tribunal!", conta, revoltada.

O risco era real. Outras duas famílias do prédio já tinham perdido na justiça. É por causa desse tipo de comportamento, diz ela, que os protestos são necessários. "Não temos outra escolha. Se não resolvermos esse problema, como viverão nossos filhos no futuro? Como nossos netos poderão viver neste país sem lei? Devemos lutar até o fim, até o último suspiro."

Para este livro, entrei novamente em contato com Natalia, no início de 2023. O caminho foi longo, me disse ela, mas as notícias são boas. Foram cinco anos de processo na justiça. A filha Dasha foi convocada quatro vezes para testemunhar que eles moravam no apartamento. No final, eles ganharam a batalha jurídica e permanecem até hoje no imóvel.

Na Praça Maidan, a luta contra a corrupção era um dos argumentos principais da revolta. "É insuportável. Seja para matricular seu filho na creche ou na escola, seja para marcar consulta em hospitais, e eu não vou nem falar da polícia... Acho que 99% dos ucranianos são afetados pela corrupção diariamente", nos diz um jovem, no centro da praça.

SOLUÇÃO POLÍTICA?

Naquela tarde, um clima de decepção reinava entre os manifestantes. A esperança de uma solução política para a crise parecia mais distante. A moção de censura – mecanismo que permite derrubar o governo no parlamento – acabara de ser rejeitada. Eram necessários 226 votos, mas apenas 186 deputados votaram a favor da proposta.

Não que fosse uma surpresa; os manifestantes sabiam que a lógica eleitoral estava ao lado do governo. Eles mantinham, contudo, uma certa esperança de que alguns deputados da coalizão no poder mudassem de lado. Não aconteceu.

Vimos, então, centenas de manifestantes que estavam acampados desde a madrugada em torno do parlamento voltando para a Praça Maidan, cabisbaixos. Eles afirmavam, entretanto, que o movimento deveria continuar, que era preciso aumentar as greves, assim como o bloqueio no centro da cidade.

Em frente ao palco, conversamos com um jovem, gorro na cabeça e um grande cachecol em volta do pescoço: "Estou chocado que o parlamento tenha votado a favor do governo. Eu assisti ao vivo. Fiquei surpreso com o Partido Comunista. Eles tinham se posicionado pela derrubada do governo e, no final, no momento da votação, não o fizeram. É uma vergonha. Nossos políticos são corruptos e só pensam em dinheiro", lamenta.

A alguns metros dali, um homem idoso, de cabelos brancos, diz querer intensificar os protestos: "Teremos que ser dois milhões de pessoas nas ruas. Não 500 mil. Juntos, mostraremos a eles o que podemos fazer. Devemos bloquear os eixos estratégicos, os trens, as estradas". Ao lado dele, outro senhor, de seus cinquenta anos, mantém a confiança: "Vai dar tudo certo, o povo vai se levantar e irá até o fim. Aí, então, seremos livres em um país da Europa. Vai ficar tudo bem".

Apesar do otimismo nas palavras, sentíamos que era um golpe duro para os manifestantes. A questão era saber qual estratégia adotar, se valeria realmente a pena continuar nas ruas.

Logo depois, o primeiro-ministro subiu à tribuna do parlamento para pedir desculpas pela brutalidade policial nos últimos dias. Um mea-culpa que em nada diminuía a raiva dos manifestantes. Durante o discurso, diante do telão da praça, o chefe de governo foi vaiado copiosamente.

No palácio presidencial, contudo, a tática de Victor Ianoukovitch parecia mais clara: ganhar tempo. À noite, ele viajou para uma visita oficial à China, como se nada estivesse acontecendo. Esperando, talvez, que o frio glacial e o cansaço levassem os manifestantes de volta para casa. Quanta ilusão.

REVOLUÇÃO LARANJA

No início dos anos 1990, muitos ucranianos acreditavam que a independência do país traria estabilidade política para os próximos governos. Não foi bem assim.

Ianoukovitch, Praça Maidan, contestação popular. Os três já tinham se encontrado nove anos antes. Em 2004, o então candidato a presidente, Viktor Ianoukovitch, estava no meio de outra polêmica: fraudes no segundo turno das eleições, em 21 de novembro de 2004.

Na época, o adversário pró-europeu Viktor Ioutchenko liderava as pesquisas, inclusive a de boca de urna. O resultado, porém, seria uma vitória por três pontos percentuais para Ianoukovitch, que tinha o apoio do então presidente ucraniano Leonid Kuchma e do presidente russo Vladimir Putin.

Um triunfo que foi imediatamente contestado pela oposição e por observadores internacionais da Organização para Cooperação e Desenvolvimento Econômico (OCDE), que constataram diversos casos de fraudes generalizados. Segundo eles, foi vista a realização de votos múltiplos por dezenas de milhares de eleitores no leste do país, região bastante favorável a Ianoukovitch.

Naquela mesma noite, milhares de ucranianos saíram às ruas para protestar e pedir o cancelamento dos resultados das eleições e a organização de uma nova votação. Dois dias depois, são cerca de quinhentas mil pessoas que se reúnem na Praça da Independência em apoio a Ioutchenko.

Com o rosto desfigurado, desde que fora envenenado com dioxina três meses antes – o que ele acredita ter sido um ato dos serviços secretos ucranianos, ainda que até hoje não exista uma versão oficial –, Ioutchenko sempre iniciava os discursos assim: "Olhem o que eles fizeram comigo, olhem do que eles são capazes!", dizia à multidão. Acusações lançadas contra o adversário político Viktor Ianoukovitch e seu principal apoiador, Vladimir Putin.

Nas ruas, os participantes do movimento civil tinham todos um símbolo em comum. A cor laranja, cor do partido do candidato então derrotado. No dia 3 de dezembro, a Suprema Corte ucraniana anulou o resultado do segundo turno e ordenou a realização de uma nova votação.

A eleição ocorreu em 26 de dezembro de 2004, na presença de aproximadamente doze mil observadores internacionais. Viktor Ioutchenko foi proclamado vencedor com 51,90% dos votos, e foi empossado como presidente em 23 de janeiro de 2005.

A Revolução Laranja foi uma série de protestos – treze dias e treze noites que colocaram um final, mesmo que temporário, aos treze anos de políticas pró-Moscou na Ucrânia, desde a queda da União Soviética.

VIOLÊNCIA E INSURREIÇÃO

Ao contrário do que se viu em 2004, uma solução política e pacífica parecia cada dia mais distante naquele inverno de 2013-2014. Eleito democraticamente em 2010, Ianoukovitch não estava disposto a ceder.

Em 17 de dezembro, ele viaja a Moscou para assinar um acordo econômico de quinze bilhões de dólares e uma tarifa reduzida para a importação de gás russo. A oposição denuncia o que chama de "primeiros passos rumo a uma união aduaneira com a Rússia", o que afastaria ainda mais o país da União Europeia.

Em janeiro, com dois meses de ocupação da praça central, o governo endurece o tom. Um conjunto de leis antiprotestos é aprovado no parlamento. O texto previa penas de prisão de quinze dias para quem instalasse tendas ou palanques em locais públicos, e de até cinco anos de prisão para quem participasse de invasão de prédios oficiais.

O resultado foi o inverso do esperado pelo governo: mais manifestações, mais radicalização, mais violência. Quando a lei entra em vigor, a tropa de choque da polícia – os Berkouts – é enviada para evacuar os manifestantes e destruir as barricadas, a começar pela Rua Hrouchevski, que liga a praça ocupada à sede do governo e ao parlamento.

As primeiras vítimas fatais da repressão estatal ocorrem na madrugada do dia 22 de janeiro. Algo inédito na história da jovem república ucraniana. Nunca um manifestante havia sido assassinado pela polícia na Praça Maidan. Serhii Nigoyan, de 21 anos, levou dois tiros no pescoço e um na cabeça. Mykhaylo Zhiznevskii, de 25 anos, morreu com um tiro no coração. Naquele dia, as balas não eram mais de borracha. A polícia utilizara balas reais contra os manifestantes. Imenso choque. Em 24 horas, de acordo com o serviço médico da Praça Maidan, foram seis mortos e quase trezentos feridos.

Uma semana depois, o primeiro-ministro Mykola Azarov renuncia. As leis antiprotestos são retiradas. Ianoukovitch tenta negociar. Ele chega a oferecer os cargos de primeiro-ministro e vice-primeiro-ministro aos dois principais líderes do movimento de oposição, Arseny Yatsenyuk, líder da oposição parlamentar, e o ex-campeão de boxe Vitali Klitschko. Os dois rejeitam a proposta. Já era tarde demais para um compromisso político.

O que aconteceu, então, foram mais duas semanas de relativa acalmia em termos de enfrentamentos e violência. No dia 18 de fevereiro, contudo, a tropa de choque lança uma "operação antiterrorista", segundo o termo utilizado por eles. Mais uma tentativa de liberar a praça e as ruas à força. A consequência foi uma escalada de violência cruel e mortífera: 26 pessoas perderam a vida naquela tarde. Já parecia absurdo – seria ainda pior.

As imagens de confronto entre policiais e manifestantes no centro de Kiev provocam reações no mundo inteiro. Em Washington, a Casa Branca diz que os Estados Unidos ficaram chocados com as cenas de violência e que era urgente um diálogo com a oposição. Em Bruxelas, a chefe da diplomacia da União Europeia, Catherine Ashton, adverte o presidente ucraniano contra a tentação de reprimir os protestos pela força, sem resolver a raiz da crise.

Do outro lado, a Rússia acusa os países ocidentais de ingerência. Para Moscou, o desencadeamento da violência é consequência direta da conivência dos políticos europeus e americanos com os manifestantes mais radicais.

A BATALHA DA DIPLOMACIA

É nesse contexto de violência extrema e combate diplomático que três ministros de Relações Exteriores da Europa – francês, alemão e polonês – decidem ir a Kiev, para negociar diretamente com o presidente Ianoukovitch.

Em Paris, o *Quai d'Orsay* – o Itamaraty francês – propõe a alguns jornais acompanhar a viagem do ministro Laurent Fabius, junto com a delegação francesa, em um bate e volta no mesmo dia. Chegamos de madrugada ao aeroporto militar de Villacoublay, na região parisiense. Éramos cinco jornalistas que iríamos decolar no jatinho oficial do ministro. Cobrir a visita dentro da comitiva. Pelo canal ITélé, eu e o meu colega Jean-Jérôme Bertolus.

Durante as três horas de voo entre Paris e Kiev, realizamos a primeira entrevista com o ministro Laurent Fabius sobre o objetivo principal daquele dia, que já se anunciava crucial no campo diplomático. "É preciso, antes de tudo, parar o massacre. Dizer ao governo ucraniano que haverá sanções direcionadas aos responsáveis do governo que serão aplicadas em Bruxelas. Em seguida, buscar uma solução política. Não vejo outra saída a não ser convocar novas eleições. Quando há uma situação de bloqueio como essa, é preciso voltar para o povo." O maior risco, segundo os conselheiros do ministério, seria de uma guerra civil no país.

KIEV - A MARATONA DE NEGOCIAÇÕES

Eram 8h30 da manhã na capital ucraniana, quando os aviões do chefe da diplomacia francesa Laurent Fabius e do alemão Frank-Walter Steinmeier aterrissam. Do aeroporto, saímos em direção à embaixada da Alemanha. Estávamos numa van – jornalistas, assessores e dois conselheiros diplomáticos – logo atrás do carro que levava o ministro, identificado com uma pequena bandeira francesa, colocada no para-choque, como manda o protocolo.

O ministro polonês os encontra na embaixada, onde os três representantes europeus se reúnem com os líderes da oposição. Nós, jornalistas, ficamos esperando do lado de fora. A tensão na rua era extrema. Da calçada do prédio víamos grupos de manifestantes mascarados andando rumo à Praça da Independência, que fica a dez minutos de lá.

Naquele momento, outros colegas do ITélé cobriam os protestos na Praça da Independência. Imagens trágicas. Um conflito armado em pleno coração da cidade. Pessoas deitadas no chão, baleadas, retiradas em macas. As cenas mostravam ainda um manifestante caindo de costas no asfalto, gravemente ferido, após a explosão de uma granada.

Enquanto isso, na calçada da embaixada, ambulâncias e carros de polícia passavam à nossa frente a toda velocidade, com sirenes e luzes ligadas. Por volta das 10h15, os ministros saem a passos rápidos em direção aos carros oficiais que os esperam. Tentamos uma entrevista improvisada. À pergunta se eles estavam pessimistas, se temiam um fracasso das negociações, a resposta foi curta: "Não tenho medo de um fracasso, tenho medo do que se passa na Praça da Independência agora. Há feridos e provavelmente mortos. A trégua nunca ocorreu", lamenta Fabius, antes de entrar no carro, rumo ao palácio presidencial. Depois do encontro com a oposição, os três ministros iriam, enfim, reunir-se com o presidente Ianoukovitch.

Entramos na van rapidamente e seguimos na comitiva oficial rumo ao palácio presidencial. No caminho, mais ambulâncias, mais veículos policiais cruzavam as grandes avenidas de Kiev. Eram dois mundos paralelos que não tardariam a se encontrar: o combate da diplomacia internacional por uma trégua e o confronto violento das ruas.

Primeira consequência da tensão na cidade: impossível para os carros da comitiva entrar na sede do poder executivo. O palácio presidencial tinha se tornado um verdadeiro *bunker*, com várias linhas de policiais e barreiras para evitar alguma tentativa de invasão. Centenas de policiais altamente armados, muitos mascarados, faziam a guarda.

Depois do primeiro ponto de controle na rua que dá acesso ao prédio, abrir uma passagem para os veículos estava fora de cogitação. Os três ministros são, então, obrigados a descer e percorrer os últimos metros a pé. Nós os seguimos. Mais confusão. De repente, a delegação de jornalistas e assessores é separada pelos policiais. Só os ministros entram no prédio. Enquanto os conselheiros ainda discutem com a segurança para conseguir passar, são os ministros que saem. Grande surpresa para todos. "Não, nós não vimos o presidente. Temos que mudar de prédio, parece que houve tiros não muito longe", responde Fabius andando apressadamente de volta para o carro.

Por questão de segurança, o encontro foi adiado. A confusão é total. A comitiva circula na capital ucraniana sem destino definido. É algo inédito até mesmo para os assessores experientes. Por vários minutos, rodamos nas ruas de Kiev sem rumo, em busca de um local seguro para a tão esperada reunião com o presidente Ianoukovitch. "Há confrontos na Praça Maidan. Fumaça negra, detonação e tiros ao redor do palácio presidencial. Encontro transferido para outro local. Responsáveis em pânico", escreveu no Twitter o ministro polonês Radoslaw Sikorski. Continuávamos circulando pela cidade.

Vinte minutos depois, a comitiva decide retornar ao palácio. Dessa vez, os ministros serão recebidos no grande salão de reunião. Jornalistas e assessores são barrados na entrada novamente. A previsão é de que o encontro dure entre uma e duas horas. Ficamos no aguardo.

Enquanto na Praça Maidan o número de feridos e mortos aumentava, as discussões pareciam intermináveis. Foram cinco horas de negociação intensa e difícil, segundo os assessores, e nenhum acordo. Os três representantes deixam o palácio sem dar declaração e vão à sede da Delegação da União Europeia em Kiev, encontrar-se novamente com os líderes da oposição.

Fazendo o papel de mediadores, os ministros conversam por longos minutos com os adversários políticos do presidente. Em seguida, uma coletiva de imprensa é realizada ali mesmo, à porta da sala de reunião. "A situação é difícil. Hoje houve dezenas de mortes. Daqui a pouco iremos novamente nos encontrar com o presidente, junto com os representantes da oposição. Procuramos ver como um novo governo poderia ser estabelecido, novas eleições realizadas e parar a violência", afirma Laurent Fabius, diante das câmeras, ao lado dos outros ministros.

A última etapa seria então na sede do poder, com a presença do presidente e dos opositores em volta da mesa. Por volta das 23h, o ministro francês deixa a reunião para seguir viagem à China, onde era esperado pelo presidente Xi Jinping. Logo em seguida, o diplomata russo Vladimir Loukine, enviado por Moscou, chega ao local. As discussões continuam por horas durante a madrugada. Nenhum acordo.

Aquela quinta-feira, dia 20 de fevereiro de 2014, terminou com um número trágico: 77 pessoas morreram no confronto entre manifestantes e policiais. Foram cenas de guerra civil, diriam alguns ucranianos naquela noite.

Na manhã seguinte, o trauma do dia anterior levou, enfim, a um compromisso político. Mediados pelos ministros europeus e o representante russo, governo e oposição assinam um documento comum. O texto prevê um governo de união nacional e eleições antecipadas até o final do ano.

Problema: ainda estávamos em fevereiro. O banho de sangue da véspera tornou insustentável a permanência de Ianoukovitch no poder. A notícia do acordo chegou até a ser vaiada pelos manifestantes na Praça Maidan. Era tarde demais. Nem mais um dia, exigiam eles, pedindo a renúncia imediata.

O fato é que 24 horas depois o presidente sumiu, desapareceu, fugiu. No sábado pela manhã, ninguém sabia do paradeiro de Viktor Ianoukovitch. A única certeza era que ele não estava mais no palácio presidencial em Kiev. O que se viu, então, foi uma sequência acelerada de mudanças políticas: o presidente do parlamento, próximo de Ianoukovitch, entrega o cargo; o parlamento vota pela liberação imediata da opositora Ioulia Timochenko, presa desde 2011; convoca novas eleições para o mês de maio; e, por fim, aprova oficialmente o *impeachment* de Viktor Ianoukovitch. O novo presidente do parlamento, Oleksandr Turchynov, torna-se presidente interino do país.

MOSCOU: "GOLPE DE ESTADO FASCISTA"

A vitória dos manifestantes da Euromaidan, como ficaram conhecidos, provoca reações duras de Moscou. Para Vladimir Putin, os ucranianos foram manipulados pelo Ocidente a virar as costas para a Rússia. E ele vai além: chama de golpe de Estado fascista, orquestrado pela extrema direita do país.

Os fatos, contudo, não corroboram a narrativa do Kremlin. É verdade que grupos nacionalistas fizeram parte do movimento da Praça Maidan, mas estavam longe de ser majoritários. Eram minoria. Por prova, os números eleitorais pós-revolução.

Em maio, para presidente, os candidatos dos dois partidos nacionalistas de extrema direita tiveram 0,7% e 1,16% dos votos. Em outubro de 2014, nas eleições legislativas, conseguiram 1,8% e 4,7%. Ou seja, apenas seis deputados dos 450 eleitos.

A Revolução Maidan deixou claro, no entanto, o desejo de Kiev de se distanciar do poder político de Moscou. Um divórcio que não seria aceito pelo chefe do Kremlin, Vladimir Putin. Até hoje.

CAPÍTULO 2

A anexação da Crimeia, março de 2014

Um voto nada secreto. As urnas eram caixas de plástico transparentes, colocadas no meio da seção eleitoral. As cédulas, folhas de papel A4, com dois grandes quadrados como escolha. Não havia envelope. Cada eleitor se dirigia então ao centro da sala, na frente de todos, inclusive das câmeras. Eu mesmo filmei o voto de várias pessoas, acompanhando o momento em que elas andavam até o local de votação e depositavam a folha aberta dentro da urna. Na imagem, ficava clara a escolha. Naquela seção eleitoral em que estávamos – numa escola de Simferopol, capital da Crimeia –, nem precisaria de pesquisa de boca de urna. A apuração poderia ser feita em tempo real. Cem por cento dos eleitores tinham indicado a primeira opção: a reintegração da Crimeia na Federação da Rússia.

O voto à vista de todos era apenas um dos inúmeros questionamentos que seriam feitos ao referendo organizado às pressas na Crimeia. A intimidação era ainda maior, pois as mesas eleitorais eram vigiadas por membros de milícias pró-Moscou, reconhecidos pelas suas braçadeiras vermelhas.

Aquele simulacro de votação era a primeira grande consequência direta da vitória dos manifestantes pró-União Europeia na Praça da Independência, em Kiev. Estávamos em meados de março de

2014, apenas três semanas depois da queda do presidente Viktor Ianoukovitch. Já fazia doze dias que eu e o meu colega Baptiste Muckensturm havíamos chegado a Simferopol.

Em Moscou, Vladimir Putin estava decidido a não aceitar a decisão de Kiev. Mais do que isso, a brigar por uma parte do território ucraniano que julgava historicamente seu. Sete dias após a mudança política na capital do país vizinho, o chefe do Kremlin pediu ao congresso uma autorização para utilizar as Forças Armadas na Ucrânia. O objetivo, segundo ele, era proteger os cidadãos russos.

Oficialmente, as tropas de Moscou continuavam postadas atrás da fronteira, mas milhares de homens armados, em uniformes militares sem distintivos, patrulhavam as ruas em várias cidades da Crimeia.

EXÉRCITO (RUSSO) NÃO IDENTIFICADO

"Nós não precisamos de vocês, bando de fascistas! Vocês falam em paz, mas o herói de vocês é Hitler!", grita no megafone um senhor de seus 60 anos, com uma fita nas cores da bandeira russa presa ao casaco. Gravamos a discussão na calçada, em frente ao quartel militar central de Simferopol. Os insultos são para um grupo pró-Ucrânia de cinquenta pessoas, do outro lado da rua. Naquela tarde cinzenta de 5 de março de 2014, os dois lados protestam em frente à base militar ucraniana, cercada por soldados mascarados e, oficialmente, não identificados.

Para os manifestantes portando bandeiras com as cores azul e amarela, da Ucrânia, aquela cena do próprio exército sitiado dentro do quartel parece absurda. "Eu nasci aqui, eu falo russo, mas eu quero viver numa Ucrânia independente", nos explica Yulia, que espera uma solução pacífica para a crise.

Quando os militares sem identificação atravessam a rua... "Rússia! Rússia! Rússia!", gritam e aplaudem os manifestantes ao lado do homem com o megafone.

Em frente às grades do quartel, o vereador da cidade portuária de Odessa, Oleksiy Gontcharenko, de 33 anos, foi apoiar os manifestantes pró-Ucrânia. A tensão aumenta entre os dois grupos. O jovem vereador – que seria eleito deputado em novembro daquele ano – tenta um diálogo com os opositores, questionando a origem dos soldados desconhecidos. E provoca: "Glória à Ucrânia!", repete ele, em voz alta, o *slogan* dos revolucionários da Praça Maidan. A reação é imediata. Gritos e vaias. "Mas de quais heróis você está falando?", questiona um homem com uma bandeira russa. Um início de confusão e empurra-empurra começa. A polícia local tira Oleksiy do meio do grupo.

A cena é surreal. Ao lado dos soldados mascarados e fortemente armados, os membros da milícia de autodefesa da Crimeia cercam o quartel ucraniano. Eles, ao contrário, ostentam orgulhosos uma braçadeira vermelha e duas fitas enroladas no braço direito: uma nas cores da bandeira russa e outra listrada em laranja e preto, um símbolo da vitória soviética contra os nazistas, durante a Segunda Guerra Mundial.

Os integrantes da milícia são, em geral, homens mais velhos e mais humildes. Em frente ao portão principal da base militar, são onze jovens perfilados que detêm escudos de ferro pintados em azul, branco e vermelho, as cores da bandeira russa.

Alguns minutos depois, Oleksiy arrisca novamente uma pergunta a outros manifestantes pró-Moscou: "Vocês acham normal que haja soldados russos na Ucrânia, nas nossas ruas? São dois países diferentes, concorda com isso?".

Antes mesmo de uma possível resposta, o diálogo é interrompido. Mais confusão. Cinco membros da milícia jogam um pequeno pote de tinta preta nos manifestantes, antes de serem contidos pela polícia, que tenta conversar e acalmar os ânimos de todos.

A HISTÓRIA, SEGUNDO VLADIMIR PUTIN

"Na Crimeia, tudo evoca a nossa história. No coração e na mente das pessoas, a Crimeia sempre foi uma parte inseparável da Rússia", declarou o chefe do Kremlin, no dia 18 de março de 2014, durante a cerimônia em que assinava oficialmente a anexação da península ao país.

De fato, os 26 mil quilômetros quadrados de terra da Crimeia entraram no imaginário do povo russo. Na literatura, Leon Tolstoi, um dos maiores escritores do país, narrou os horrores da guerra no livro *Crônicas de Sebastopol*. Misturando realidade e ficção, ele conta o cerco de um ano à cidade durante a guerra da Crimeia (1853-1855).

No âmbito militar, a cidade de Sebastopol tem uma enorme importância até hoje. É lá que fica a maior base naval da marinha russa no Mar Negro, porto que permite acesso ao Mar Mediterrâneo.

Outro fato marcante ocorrido na Crimeia foi a chamada Conferência de Yalta. Quem nunca viu a célebre foto de Churchill, Roosevelt e Stalin sentados lado a lado? Ela foi tirada no balneário de Yalta, ao sul da península. Foi ali que os Aliados, vitoriosos, traçaram o esboço da Europa do pós-guerra, em janeiro de 1945.

Apesar disso, o termo "sempre" do discurso de Vladimir Putin é bastante relativo, simplista, redutor. A realidade é deveras mais complexa.

Desde quando, por exemplo, Moscou tem o controle político da região? E, etnicamente, desde quando a população de origem russa é majoritária? Mesmo para essas duas perguntas, as respostas não são equivalentes. Trata-se de séculos distintos e alguns episódios trágicos.

Desde a Antiguidade, vários povos habitaram o litoral e as terras semiáridas da Crimeia. Entre eles, cimeiros, citas, sármatas, gregos, persas, romanos, bizantinos, genoveses, otomanos... A lista é longa.

Foi em 1783, contudo, que o Império Russo conquistou a região, até então controlada pelo Canato da Crimeia, um estado tártaro, aliado do Império Otomano. Os tártaros são um povo de origem turca e de religião muçulmana. Eles viviam na península desde 1441. A tomada da região pelos russos provocou, assim, a primeira onda de deportação de uma parte da população, que buscou exílio no Império Otomano.

Já os russos, que passaram a povoar a região conquistada, só seriam maioria no final da Segunda Guerra Mundial, quase 160 anos depois.

Foi quando, em 1944, a então minoria muçulmana, 20% da população, é acusada de colaborar com o regime nazista. Apesar de muitos homens de origem tártara terem lutado com o Exército Vermelho, Stalin impõe o que chamou de punição coletiva. Todos os cidadãos tártaros deveriam ser expulsos de suas casas e deportados para a Ásia Central, sobretudo para a República Soviética do Uzbequistão. Homens, mulheres e crianças.

"Em três dias, mais de 180 mil pessoas foram amontoadas em vagões de gado", relata a pesquisadora russa Anna Colin Lebedev, no livro *Nunca irmãos? Ucrânia e Rússia: uma tragédia pós-soviética* (em tradução livre)*. Estima-se que a metade tenha morrido no trajeto.

"Os vestígios dessas populações nativas foram apagados pelo poder stalinista, que substituiu os topônimos tártaros por nomes russos, destruiu vários edifícios e reescreveu a história da península, minimizando o papel dos povos deportados. A Crimeia se tornou mais russa, à custa da eliminação da sua diversidade milenar", explica Lebedev.

As casas deixadas livres foram habitadas por pessoas vindas da Rússia e da Ucrânia. Tudo isso organizado pelo Estado Soviético. Se, em 1939, os russos representavam pouco menos da metade da população da Crimeia, nos anos 1950 tornaram-se maioria absoluta, com cerca de 70%.

Ironia do destino, na época em que, etnicamente, os russos são majoritários, a península da Crimeia passa, politicamente, ao controle ucraniano. Claro que, em 1954, quando Nikita Khrushchov – o sucessor de Stalin – decide, por decreto, entregar o departamento da Crimeia para a República Socialista Soviética da Ucrânia, a mudança é puramente administrativa. Ninguém ousaria imaginar o fim do bloco soviético. E, tendo em vista a proximidade geográfica com a Ucrânia, o objetivo era favorecer o desenvolvimento econômico e das infraestruturas da região.

O ano de 1954, aliás, não foi por acaso. A data marcava os trezentos anos da aliança de 1654, quando os cossacos ucranianos assinaram um pacto militar com o czar Alexei Romanov. Foi o tal Tratado de Pereslávia, em que os ucranianos desejavam apenas uma ajuda militar, enquanto o czar russo considerou como uma subordinação dos vizinhos. Para o líder comunista Nikita Khrushchov, o ato político era uma forma de celebrar o tricentenário da "união" dos dois países, Ucrânia e Rússia. Mais uma vez, era a história, segundo Moscou.

Apesar da releitura do passado, existe algo que é consenso. A história da Crimeia é específica, única, distinta do resto da Ucrânia.

---

* *Jamais frères? Ukraine et Russie: une tragédie postsoviétique.* Seuil, 2022. Não editado no Brasil.

Na independência do país, em 1991, a península também se declarou independente, com o nome de República da Crimeia. Uma constituição chegou a ser votada no parlamento de Simferopol, em 1992.

Depois de muitas discussões e pressões políticas de Kiev, a região volta oficialmente a fazer parte da Ucrânia, em 1995. Todavia, certas peculiaridades da administração pública são mantidas. É por isso que, em 2014, a península situada no Mar Negro era considerada uma região autônoma, com parlamento próprio, dentro do Estado dirigido por Kiev.

REVOLTA

Voltemos àquelas cenas de soldados russos não identificados por todos os lados nas ruas de Simferopol, em frente aos quartéis militares ou nas praças da cidade. Era o dia 3 de março de 2014. Eu e o meu colega Baptiste Muckensturm chegamos à cidade, em um voo Paris-Kiev-Simferopol. Até aquele momento, ainda havia linha direta entre a capital ucraniana e a península autônoma.

Ali, tudo acontecera muito rápido. Apenas cinco dias após o novo governo pró-Europa ser nomeado em Kiev, a bandeira russa era hasteada no alto do parlamento regional de Simferopol. Era um ato simbólico realizado por manifestantes pró-Moscou.

Naquele mesmo dia, um grupo de soldados sem identificação invadiu o prédio. No plenário, inicia-se uma sessão do parlamento a portas fechadas e sem a presença de muitos deputados, impedidos de entrar pelos militares. Ao final, os deputados do partido Unidade Russa aprovam a realização de um referendo sobre o futuro político da região para o dia 30 de março.

No dia 6 março, entretanto, o parlamento muda novamente as regras e adianta em duas semanas a realização do voto, do dia 30 para 16 de março. Em menos de duas semanas, a população deveria escolher entre duas alternativas:

1) É a favor da reunificação da Crimeia com a Rússia como membro integrante da Federação Russa?

2) Apoia a restauração da constituição de 1992 e o estatuto da Crimeia como membro integrante da Ucrânia?

À primeira vista, a segunda opção ofereceria a possibilidade de permanecer sob o controle ucraniano. Na realidade, o texto de 1992 permite o contrário. A constituição, que não estava mais em vigor desde 1999, daria maior autonomia à Crimeia, inclusive o direito de se separar de Kiev. Ou seja, a diferença era uma questão de tempo: a anexação imediata ou abrir a possibilidade para que isso acontecesse em breve.

Na Europa, a reação foi de repúdio. "É a escolha entre sim e sim", criticou o ministro francês de Relações Exteriores, Laurent Fabius. Para Bruxelas, o referendo na Crimeia era contrário ao direito internacional moderno.

CAMPANHA NAS RUAS

Para nós, jornalistas estrangeiros em Simferopol, era algo inédito. Acompanhar uma votação para decidir em qual país viver, qual cidadania possuir, qual passaporte apresentar. Tínhamos a impressão de viver tempos de outrora, época em que as fronteiras dos países variavam a cada nova guerra. E elas eram frequentes, constantes. Raras foram as gerações na Europa que nunca se confrontaram em uma guerra. A novidade era apenas para nós, não para a história do continente.

A Crimeia tem cerca de dois milhões de habitantes. A capital Simferopol, 330 mil. Saímos às ruas para ouvir o que os moradores pensavam. Como seria a campanha eleitoral, faltando pouco mais de uma semana para o voto?

Uma pequena tenda de plástico branco na calçada de uma rua comercial é um dos indícios da existência da campanha. Nela, duas bandeiras russas penduradas e três militantes com a braçadeira vermelha do grupo de autodefesa da Crimeia distribuíam panfletos em favor da anexação. Para a câmera, um deles nos mostra um papel com as cores da Rússia no fundo e vários edifícios religiosos. "Olhe aqui, na Rússia e na Crimeia, há igrejas ortodoxas, católicas, mesquitas, vivemos bem todos juntos", explica. Além da campanha, o estande serve também de ponto de recrutamento para a milícia local.

Entre aqueles que param para conversar, o argumento econômico é a principal razão para a escolha de mudança. "A Rússia nos dará mais estabilidade econômica, acho que vou ganhar mais, o padrão de vida e os salários são muito mais altos por lá", nos explica Alexandre, 32 anos, ao lado da esposa.

Apesar do otimismo de Alexandre, a desconfiança no futuro é grande nas ruas. Em frente aos bancos, milhares de pessoas passavam horas na fila para sacar dinheiro. Pelo menos duas horas de espera para retirar até 250 euros, o máximo autorizado.

Nas ruas, nas paradas de ônibus ou colados nos carros, muitos cartazes e *outdoors* fazem alusão ao referendo. Detalhe importante: todos a favor da anexação. Escritos em russo, muitos opõem a suástica à bandeira russa. A mensagem é clara. O novo poder em Kiev seria infiltrado por grupos nazistas. A única solução? Fazer parte da Rússia.

No muro de um parque, uma grande pintura colorida me chama atenção. É uma referência ao famoso afresco *A criação de Adão*, realizado pelo pintor italiano Michelangelo, por volta de 1510. No original, desenhado no teto da capela Sistina, no Vaticano, vê-se a figura de Deus, de um lado, que estica o braço direito e aponta o dedo indicador em direção a Adão. Este, por sua vez, estende o braço esquerdo ao divino. Sem se tocarem, Deus teria criado assim o homem, à sua imagem e semelhança. Uma ilustração do livro de Gênesis.

No parque de Simferopol, a cópia do afresco, de dez metros de largura, valeu-se de liberdade artística. Do lado direito, sob a bandeira russa, Deus é representado por um homem atlético e musculoso, com um rosto bem conhecido de todos ali. É Vladimir Putin quem estica o braço. Do outro lado, quatro pessoas levantam a mão em frente a uma bandeira azul e amarela: o povo ucraniano. Um deles estende o braço esquerdo. Ao contrário da obra do mestre italiano, Deus e homem se tocam na Crimeia. Putin agarra o braço ucraniano, num gesto de salvação, rumo ao céu de Moscou.

Nas ruas de Simferopol, uma pintura retrata Vladimir Putin como o Deus Salvador. Uma referência ao famoso afresco do pintor italiano Michelangelo: A criação de Adão.

FRONTEIRA PROIBIDA

Ao norte da Crimeia, a fronteira já estava traçada. Antes mesmo do referendo. Em Simferopol, ouvimos boatos de que os Berkouts estavam controlando as estradas que ligavam a península ao resto da Ucrânia. Eram os ex-policiais da tropa de choque de Kiev. O grupo havia sido desfeito depois do banho de sangue na Praça Maidan e estava proibido de atuar na maior parte do país. Estariam agora na Crimeia, num posto de fronteira improvisado, ilegal.

Decidimos então ir até lá, no limite norte da península, para verificar se tudo aquilo era verdade. Pegamos a estrada rumo a Armiansk, última cidade antes da região de Kherson, já no continente, um trajeto de duas horas. Sabíamos que não seria uma reportagem fácil de realizar. Se, de fato, os policiais tivessem instalado uma nova fronteira, com certeza eles não iriam querer ser filmados. Problema: sem imagem, não temos matéria para televisão. Outro detalhe: eu e Baptiste tínhamos combinado que, mesmo se eles nos autorizassem a atravessar, não sairíamos do território da Crimeia, para evitar o risco de sermos impedidos de retornar.

Na rodovia E97, a principal via em direção ao resto do país, muitos painéis publicitários já davam o tom da região. As propagandas comerciais tinham virado *outdoor* de campanha política. Todos, como em Simferopol, contra a Ucrânia, a favor da Rússia. Paramos para registrar uma imagem. Com três metros de largura por dois de altura, o painel tinha a mensagem escrita: "Não a Maidan e não à intrusão estrangeira". Ao lado, uma bandeira ucraniana, um manifestante jogando um coquetel molotov e o símbolo de proibido. Ali, os estrangeiros eram os ucranianos e os ocidentais.

Continuamos ainda uma meia hora e chegamos ao que seria o limite da península. Efetivamente, havia um checkpoint na estrada. Blocos de cimento nos dois lados do acostamento e policiais, com uniforme dos Berkouts, postados no meio da estrada. Todos os veículos eram controlados. Uma fronteira no meio do país.

Paramos o carro no acostamento, uns cem metros antes, e fomos andando para conversar com eles. Três policiais se aproximam, todos mascarados, com metralhadora nas mãos. Já eu caminho segurando a câmera por cima, ligada, mas tentando disfarçar que estava filmando. Junto com Kathya, a tradutora, nos apresentamos como jornalistas e perguntamos se poderíamos atravessar a "fronteira". O primeiro policial pede os passaportes. Baptiste entrega o seu francês, e eu, o meu azul, brasileiro. Primeira grande surpresa do policial:

– Brasileiro?! O que você está fazendo aqui?

– Trabalhando, vim cobrir o referendo – respondi.

Ele chama o seu superior, repetindo: "Olha o passaporte dele. É do Brasil, do Brasil", fala, incrédulo, passando o passaporte para a mão do chefe, que o folheia várias vezes. Confesso que não sabia muito como reagir; eles pareciam achar graça daquilo, pareciam mais descontraídos. Ledo engano. Filmo aquela cena e o diálogo surpreendentes, levantando um pouco a lente da câmera para melhor enquadrar os rostos deles, mesmo que cobertos.

O meu pequeno movimento de punho não passou despercebido pelo chefe. "Você está filmando? Baixe a câmera!", gritou ele, em russo. Nem precisava de tradução. O gesto com a mão mandando abaixar o equipamento era claro. E continuou: "Vocês têm armas? Vocês querem ir para onde? Até ali, para nos filmar? De jeito nenhum, estamos em guerra aqui, em guerra", insiste o policial, batendo com a mão esquerda na metralhadora que levava.

Fingimos não entender direito a situação. De maneira bem inocente, perguntamos se poderíamos ir gravar na cidade do outro lado e depois voltar para a Crimeia. A resposta foi sim e não. Era tudo o que precisávamos ouvir para a reportagem. Sim, poderíamos atravessar para o lado ucraniano. Não, a saída da Crimeia era sem volta. "É uma fronteira proibida aqui!", afirmou o policial trajado com o uniforme dos Berkouts.

Ao voltar para o carro, eu precisava ainda de uma imagem de longe, aberta, parada. Coloquei a câmera no chão, na direção do checkpoint – a blitz montada no meio da estrada pelos policiais – e fingi conversar com Baptiste. Só eram necessários alguns segundos de gravação. Alguns segundos que foram suficientes para esgotar a paciência dos policiais. Assim que peguei a câmera e entrei no carro, o chefe gritou de longe: "Parem! Não saiam!"

E veio andando tranquilamente em nossa direção. "Vocês gravaram alguma imagem nossa?", questionou, pela janela do carro. Respondemos que não, logicamente. A nossa palavra pareceu não ter muito valor. "Eu quero o cartão de memória da câmera. Vamos verificar no computador depois", exigiu.

De dentro do carro, tentamos negociar. Explicamos que isso iria prejudicar nossas matérias futuras, que não tínhamos outros cartões etc. Claro que não era verdade, mas não podíamos entregar tão fácil assim. Seria até suspeito. Depois de alguns minutos de conversa, sem êxito e com a ameaça de que ele iria confiscar a câmera, enfim entregamos o cartão de memória. Com semblantes tristes, cabisbaixos, saímos imediatamente dali.

Na estrada, Kathya, no banco de trás, começa a se desculpar por não ter conseguido negociar com o Berkout. Baptiste, ao volante, olha para a minha cara e diz: "Eu não acredito que você deu o cartão com todas as imagens daqui!". Eu respiro um segundo, olho para a estrada e, como um ator ruim, caio na risada. O cartão com as imagens estava debaixo do tapete do carro. Tinha entregado um outro, vazio. A troca? Havia sido feita enquanto o policial caminhava em nossa direção. Na saída, só me lembro de ter dito a Baptiste: "Agora acelera, vamos voltar para Simferopol o mais rápido possível!"

MILITANTES PRÓ-KIEV

Na capital, os habitantes pró-Ucrânia estavam cada dia mais discretos nas ruas. Ameaçados pelas milícias, eles se reúnem no sótão de uma igreja ortodoxa. Foi lá que nos encontramos com umas quinze pessoas. Entre elas, Andrey Schekun, 40 anos, coordenador do movimento "Euromaidan Crimeia". O grupo havia apoiado os manifestantes de Kiev desde o início dos protestos e atraiu o ódio das milícias pró-Rússia.

Andrey nos mostra um panfleto distribuído nas ruas da cidade, sobretudo no bairro onde mora. O folheto diz: "Seu vizinho Andrey Schekun é um sangrento traidor da Crimeia", com uma foto de Andrey ao lado de imagens de policiais sendo atacados na Praça Maidan. "Ele recebe dinheiro de uma ONG financiada pelos serviços secretos americanos", completa a mensagem escrita no papel.

Antes da reunião, Andrey nos explica que a vitória dos pró-Moscou no referendo é praticamente garantida. Os ucranianos são minoria na Crimeia, admite Andrey, mas ele não concorda com o principal temor da população local de origem russa de que o novo governo de Kiev poderia retirar o *status* de autonomia da região.

Continuamos a reportagem em um café com outros moradores pró-Ucrânia, no centro da cidade. No fundo do salão, duas estudantes universitárias preparam cartazes para uma manifestação. "A Crimeia é ucraniana", escreve Luban, aluna do curso de Economia. "Em dezembro, centenas de pessoas se reuniram aqui para apoiar a Revolução Maidan, mas agora há cada vez menos, porque a situação é muito perigosa. As pessoas temem por suas vidas", lamenta.

Luban e a amiga de faculdade Julia estão pessimistas. As jovens estudantes duvidam que os discursos e a diplomacia, que elas chamam de método europeu, sejam eficazes diante da linguagem da força empregada pela Rússia.

SEQUESTRO E TORTURA

Um discurso de ódio das milícias se transformou em ato criminoso. Três dias após a nossa entrevista no sótão da igreja, o principal ativista da campanha pró-Ucrânia, Andrey Schekun, havia desaparecido. Tinha sido sequestrado. A notícia se espalha em Simferopol, e faltava uma semana para a votação.

Testemunhas contam que viram Andrey e Anatoly Kovalsky, 62 anos, outro membro do grupo, sendo levados por integrantes da milícia de autodefesa da Crimeia, quando estavam na estação ferroviária.

Dois dias depois do sequestro, entrevistamos o filho de Anatoly, Serguey Kovalsky, no porão de uma discoteca. Ele se sente impotente. "Só me resta falar com a imprensa para tentar fazer algum barulho e esperar que os sequestradores entrem em contato comigo. Eu não tenho como forçá-los a nada. Isso seria um trabalho da polícia, que nada faz", lamenta Serguey.

Até o dia do referendo, família e amigos continuavam sem notícias. Só depois que a reunificação da Crimeia foi oficialmente assinada por Vladimir Putin, eles foram liberados. Onze dias no cativeiro.

Para este livro, conversei com Andrey Schekun em abril de 2023. De Kiev, onde vive atualmente, ele contou os detalhes do que aconteceu. Ele e o amigo Anatoly aguardavam a chegada de caixas com material de campanha, como panfleto e bandeiras da Ucrânia, na estação de trem de Simferopol, quando foram surpreendidos por membros da milícia pró-Rússia.

Eles foram levados, em seguida, para o porão do Quartel Militar Republicano da cidade. Reféns, sem nenhuma comunicação, eles foram torturados diariamente. "Choques e queimaduras com placas de metal em chamas", conta Andrey. Foram dez dias trancados em uma sala úmida, muitas vezes com os olhos vendados, lembra ele.

Liberados, Andrey Schekun fugiu para a capital do país com a esposa e os três filhos. Já Anatoly vive hoje em Lviv, no oeste da Ucrânia.

A APREENSÃO TÁRTARA

Além dos ativistas pró-Ucrânia, muitos habitantes de origem tártara também se sentiriam obrigados a deixar a própria casa. Naquela semana que antecedia o referendo, a dúvida, a apreensão, o medo do futuro eram visíveis nos rostos da minoria muçulmana.

Entre os dois milhões de habitantes da Crimeia, 12% eram tártaros em 2014. Após a deportação total realizada por Stalin em 1944, os ex-moradores e seus descendentes só foram autorizados a retornar à Crimeia no final dos anos 1980. Em 1989, por exemplo, eles representavam apenas 1,9% dos habitantes.

Em uma casa modesta na periferia de Simferopol, encontramos o casal de professores Elzira e Shevkat. Aos 50 anos, eles são filhos de deportados tártaros que retornaram à região de origem da Crimeia havia apenas quinze anos.

Sentados no sofá, eles nos contam que a reintegração na cidade aconteceu naturalmente, que no dia a dia não existem conflitos nem com os vizinhos de origem russa, nem com os de origem ucraniana. A possível anexação da Crimeia à Rússia, nos dizem eles, levanta novamente a questão do êxodo. Enquanto isso, Elzira evita sair de casa. "Não quero mais ir ao centro da cidade. Tenho medo daqueles homens armados. Sei que eles podem atirar, e que, se a Crimeia se tornar russa, o racismo voltará", afirma a professora.

Antes de começar a entrevista, na sala da casa, Elzira abaixa o volume da televisão. O casal assistia ao canal ATR, a principal rede de TV tártara da Crimeia, muito popular entre os moradores da península.

Nós nos despedimos do casal e fomos visitar a redação do canal, cujos jornalistas eram alvo frequente das milícias pró-Rússia. A repórter Safie Ablyaeva nos mostra, no computador, as imagens de quando foi xingada na cobertura de um protesto. "Ontem, eles atacaram o meu colega *cameraman*. Ele conseguiu correr, mas recebeu vários golpes violentos nos ombros."

A tensão nas ruas é tão grande que muitos temem pelo fechamento do canal. O editor-chefe Shavkiat Memeto admite que nunca tinha vivido algo parecido, mas garante que está fazendo de tudo para não ceder às pressões. "Não é fácil, porque todas as estações de TV ucranianas que transmitem aqui foram fechadas e substituídas por canais russos." Ainda tentando manter-se otimista, ele acredita que a população tártara não aceitaria pacificamente que o canal fosse fechado pelas novas autoridades russas.

Um ano após a anexação, a censura foi bem mais rígida do que ele esperava. A rede de televisão ATR, que existia desde 2005, foi fechada no dia 1º de abril de 2015. De acordo com um relatório do Conselho da União Europeia sobre a situação da comunidade tártara na Crimeia, duas estações de rádio e um canal de TV infantil, de propriedade do empresário do canal ATR, assim como a agência de notícias Crimean Tatar QHA, sofreram o mesmo destino. Oficialmente, as licenças não foram renovadas. Na realidade, foram censurados.

Ainda segundo o documento, cerca de três mil meios de comunicação – entre jornais, revistas, sites, canais de rádio e televisão – funcionavam na Crimeia em 2014. Um ano após fazer parte da Federação da Rússia, apenas 232 eram autorizados a transmitir, publicar ou divulgar informações em abril de 2015.

As restrições de transmissão e o bloqueio de sites na internet, conclui o relatório de 2021, têm o efeito de deixar os residentes da Crimeia em um vácuo de informação, sobretudo a comunidade tártara, que se sente "isolada, esquecida e ameaçada".

REFERENDO: DIA D

O domingo de 16 de março de 2014 foi de céu azul em Simferopol, com uma brisa fresca de final de inverno e muita gente na rua. Sem surpresa, o resultado foi digno de eleições do tempo da União Soviética. Na prática, era um voto de partido único.

A apuração final foi avassaladora. De acordo com os números oficiais, 96,8% dos habitantes votaram a favor da anexação imediata pela Rússia.

Um resultado que reflete a campanha que ocorreu durante a semana. Uma semana em que os parlamentares que se opuseram ao referendo não tiveram acesso aos seus escritórios. Uma semana em que os líderes pró-Ucrânia foram sequestrados e alguns ainda ficaram desaparecidos. Uma semana em que não houve debate nos canais de TV ucranianos, simplesmente retirados do ar. Uma semana em que as milícias de autodefesa mantiveram a ordem nas ruas, sem liberdade para contradição.

Ilegal, ilegítimo, diriam os países europeus e os Estados Unidos. Nas ruas de Simferopol, contudo, o referendo é celebrado por uma multidão que diz estar aliviada por voltar para a "pátria-mãe", segundo eles. Naquela noite, entramos ao vivo próximo da praça central, a Praça Lenin, onde milhares de pessoas se reuniam para comemorar a vitória do sim, da união com Moscou. Alguns chegavam mesmo a queimar o próprio passaporte ucraniano.

Um palco em frente à grande estátua do primeiro líder soviético recebia cantores e dançarinos com trajes tradicionais russos. "É a Primavera da Crimeia", dizia um holograma verde no muro da prefeitura, em referência ao movimento por mais liberdade e democracia da Primavera Árabe. Os anos seguintes mostrariam que a liberdade ali não seria para todos.

ESCALA INESPERADA EM MOSCOU

Na manhã seguinte ao referendo, a Crimeia acorda em um período de transição. A segunda-feira de 17 de março de 2014 foi decretada feriado. Dia de festa para os vitoriosos. Muitos habitantes saem às ruas com a bandeira russa enrolada nos ombros. "Evitamos o fascismo", repetem eles.

Em uma sessão extraordinária, o parlamento da Crimeia reconhece o resultado das urnas. A história se acelera. Os deputados decidem pela troca da moeda. A hryvnia seria gradualmente substituída pelo rublo. O fuso horário também mudaria. Uma hora a menos, como em Moscou.

Oficialmente, contudo, a Crimeia ainda não pertencia à Rússia, mas também já não tinha mais ligação direta com a Ucrânia. Por terra, os soldados russos – ainda sem identificação – controlavam as duas principais estradas que ligam a península ao continente. De fato, uma fronteira é instalada, com tanques militares e arame farpado.

No ar, todos os voos entre Simferopol e Kiev tinham sido cancelados. No aeroporto, o painel de embarque indicava apenas um destino: Moscou. Ou seja, para voltar para Paris, não tínhamos outra escolha a não ser passar pela capital russa. Uma simples escala que nos traria algumas surpresas. E cenas inesperadas, como ficar horas dentro de um quarto sendo vigiados por um policial russo atrás da porta.

Éramos uns vinte jornalistas internacionais, que embarcavam de Simferopol dois dias após o referendo. Com a imigração e a alfândega controladas em parte pelas milícias e tropas russas, todo o processo de saída levou muito mais tempo do que o previsto. Cerca de duas horas de atraso. Resultado: chegamos a Moscou logo depois da conexão para Paris, que saía no final da manhã. O próximo voo só seria tarde da noite, nos informa a companhia russa. Paciência, passaríamos o dia na zona de embarque.

Para a nossa grata surpresa, contudo, cerca de meia hora depois, a companhia nos propõe um alojamento em um hotel ao lado do aeroporto, em quartos duplos ou triplos, para podermos descansar durante a tarde. Ótima notícia. Problema: os europeus precisam de visto para a Rússia. Brasileiro turista, não; jornalista brasileiro, sim. E, claro, ninguém tinha visto russo no passaporte. As cadeiras da sala de embarque pareciam ser o nosso limite autorizado no país.

Após mais alguns minutos de debate, a solução é inusitada. Poderíamos, sim, ir até o hotel. Mas seríamos escoltados pela polícia. Cercados, literalmente. E assim fomos, guiados por vários agentes de segurança armados, até uma van que nos levou para um hotel a dez minutos de carro da zona de embarque. Lá, cada policial acompanhava duas ou três pessoas até o quarto. E em seguida se postava no corredor. Cama, chuveiro, serviço de quarto para almoço. Só não podíamos abrir a porta. Uma tarde de repouso trancados no hotel, antes de sermos escoltados novamente até a porta do avião.

Deixávamos a capital russa no momento em que, no Kremlin, Vladimir Putin assinava o decreto de anexação da Crimeia. Oficialmente, a república autônoma da Crimeia voltava a ser parte integrante da Federação da Rússia. Sessenta anos depois.

CAPÍTULO 3

Moscou, início da guerra, fevereiro de 2022

Era 23 de fevereiro de 2022.
Sentado à janela do avião que decolava do Aeroporto Charles de Gaulle, em Paris, para Moscou, um pensamento me vem à mente. Dia 23 de fevereiro, exatamente o mesmo dia em que, em 2020, eu voava para a Itália. Era o início de uma cobertura que duraria dois anos e testemunharia a perda de milhões de vidas: a pandemia da covid-19.

Até brinquei com o meu colega e amigo francês Jérémie Paire: será que estamos no início de outro evento com relevância mundial? Ele deu de ombros e riu. Nem ele, nem eu somos supersticiosos. Naquele momento, a guerra em Donbass era um conflito regional que perdurava desde 2014. Impossível imaginar que, naquele mesmo dia, outra cobertura provocaria consequências mundiais na economia e nas alianças políticas internacionais.

Oito anos após ter deixado Moscou, lá estou eu de novo, como enviado especial por outro canal de notícias da França, a BFMTV. Desembarco no aeroporto internacional da capital russa com um visto de jornalista no meu agora passaporte francês, que recebi quando fui naturalizado, em 2016.

Porém, como nada é tão simples num regime autoritário, era preciso ainda uma permissão do Ministério das Comunicações para podermos trabalhar no país. Segundo a embaixada russa em Paris, era uma questão de dias para obtê-la. Só que a notícia não tem tempo para a burocracia.

Já fazia algumas semanas que o mundo olhava com desconfiança para os tais exercícios militares russos na fronteira com a Ucrânia. Desde dezembro de 2021, o serviço de inteligência dos Estados Unidos alertava que o Kremlin preparava uma intervenção militar no país vizinho. A Europa, ainda desconfiada com as falsas afirmações americanas sobre as armas químicas no Iraque em 2003, não acreditava que Putin seria capaz de entrar em guerra e ameaçar a economia do próprio país.

"Os americanos diziam que os russos iriam atacar e tinham razão. Nossos serviços pensavam que a conquista da Ucrânia teria um custo monstruoso e que os russos prefeririam outras opções para derrubar o governo de Volodymyr Zelensky", lamentou publicamente o chefe das Forças Armadas da França, Thierry Burkhard, num discurso no dia 7 de março, no Center for a New American Security, um influente *think tank* americano. Uma confissão de erro bastante rara vinda de um militar, ainda mais do alto escalão das Forças Armadas. No final daquele mês, o chefe do serviço de inteligência do exército francês, general Eric Vidaud, seria demitido, numa reorganização completa do serviço.

VÉSPERA DA INVASÃO

Quatro dias antes da guerra, na segunda-feira, 19 de fevereiro, o presidente russo Vladimir Putin reconheceu as repúblicas separatistas de Donetsk e Luhansk, em Donbass. Era o primeiro passo para a anexação desses dois territórios.

Nesse momento, dois cenários pareciam prováveis: a anexação das duas repúblicas, como o ocorrido na Crimeia, em março de 2014; ou o cenário mais temeroso, de que o objetivo russo seria conquistar toda a região ucraniana de Donbass. Seria de fato uma guerra entre dois Estados, dois exércitos convencionais. Era o pior cenário até então. Atacar Kiev não parecia nem imaginável.

Voltemos ao Aeroporto Sheremetyevo, de Moscou. Como em qualquer viagem internacional com materiais profissionais, como câmeras, equipamentos de transmissão de imagens (pequenos computadores capazes de enviar via 4G ou internet as imagens ao vivo), ou mesmo miniantenas-satélites (do tamanho de um laptop), é preciso fazer o que chamamos de Carnê ATA, uma declaração à alfândega de que estamos entrando e saindo do país com tais equipamentos. Primeiro na saída da França e, em seguida, na chegada ao país visitante – no caso, a Rússia. Muitas vezes é uma simples formalidade. O policial, quando verifica, olha apenas a câmera e os nossos documentos de imprensa.

Em Moscou, conseguir a assinatura do documento já vale um prêmio Lênin de paciência. Resumindo, passamos pelo controle de passaporte rapidamente, com poucas filas. Recolhemos todas as bagagens – malas pessoais, tripé da câmera e duas malas com os coletes e capacetes à prova de bala. Com tudo nos carrinhos, nos dirigimos à parte vermelha da alfândega: itens a declarar.

Tentei um primeiro contato em inglês, sem resposta. A cara fechada da policial russa não deixava dúvida: a burocracia soviética continuava intacta. Mostro o tal papel da alfândega, faço sinal do carimbo. Ela me indica outro terminal. Não entendo. Outro policial se aproxima e me indica em um inglês ruim que devo deixar todo o equipamento lá com o meu colega Jérémie e ir sozinho levar o documento ao terminal ao lado. Ou seja, eles iriam validar a lista de equipamentos sem verificar o material? Não fazia sentido, mas, se é assim, sigo as ordens.

No outro terminal, foram três longas horas de espera. Duas horas na frente do guichê, aguardando o policial pegar o meu documento. Segundo ele, estava ocupado com outros afazeres.

Quando enfim ele começa a tratar do meu dossiê, me vem com perguntas sobre a empresa que nem eu sabia responder, como o número do registro fiscal, por exemplo. Acabei indicando um número sem muita convicção, mas foi o suficiente para conseguir o desejado carimbo. Estávamos liberados. Enfim, rumo ao centro de Moscou, quatro horas depois de pisar em solo russo.

A capital continuava sublime. Suas grandes avenidas, seus imensos prédios soviéticos iluminados, o Teatro Bolshoi, suas catedrais ortodoxas e suas cúpulas douradas. Tudo majestoso.

Naquele dia, porém, já era tarde, quase meia-noite, e fomos direto para o hotel. A ideia era encontrar o tradutor no dia seguinte e continuar a nossa batalha para conseguir a autorização de filmagem e seguir para a região de Donbass nos dias seguintes.

"OPERAÇÃO MILITAR ESPECIAL" - UMA NOVA GUERRA NA EUROPA

"A guerra começou!", exclama ao telefone o chefe do jornal da manhã em Paris. Fazia apenas três horas que eu havia adormecido. Pulo da cama e olho pela janela do 23º andar do hotel em Moscou. A capital russa nunca pareceu tão tranquila. Ligo a TV, eis a imagem do presidente Vladimir Putin em praticamente todos os canais. Dessa vez, fomos nós que acordamos o nosso tradutor. Precisávamos dele urgentemente. Por telefone, ele nos traduz alguns trechos, explica outros, entramos ao vivo contando como o chefe do Kremlin tinha acabado de lançar uma nova guerra na Europa.

Ao lado da Praça Vermelha, na sede do governo, o presidente russo faz um pronunciamento em rede nacional, anunciando o início do que ele chamou de "operação militar especial". Era por volta das cinco horas da manhã.

O discurso foi curto, quatro minutos e cinquenta e três segundos. Os objetivos, muito maiores do que o que temiam os países ocidentais. Já não se tratava mais apenas da região de Donbass. Era o país inteiro que ele queria controlar. Inclusive Kiev.

Em tom agressivo e pausado, Vladimir Putin explica que "é preciso desmilitarizar e 'desnazificar' a Ucrânia". Ele justifica a invasão como "um pedido da população para liberá-los do genocídio que vivem há oito anos por causa do regime de Kiev". Falando aos militares ucranianos, o chefe do Kremlin é direto: "Fiquem em casa e se rendam".

Praticamente todos os canais de televisão nacionais estavam em edição especial, comentando o discurso do presidente. Nenhum pronunciava a palavra "guerra". Falava-se apenas em "operação militar especial". Os comentários eram perfeitamente alinhados ao discurso presidencial.

No canal Russia24, por exemplo, um mapa da Ucrânia era apresentado em várias cores. Somente uma pequena parte no centro do país representaria a Ucrânia histórica. Todas as outras regiões teriam sido "presentes", nas palavras do canal, dados pela Rússia ao longo dos séculos. Presentes que deveriam ser retomados. Até mesmo a região de Kiev.

Na capital do país vizinho, sirenes do sistema antiaéreo ucraniano já soavam. Os bombardeios começaram tão logo o presidente russo acabara o pronunciamento. Naquele instante, as primeiras bombas caíam na periferia da cidade.

BOMBARDEIOS NA UCRÂNIA, QUINTA-FEIRA NORMAL EM MOSCOU

Se os ucranianos foram acordados com o som das sirenes, os moscovitas que não ligaram a TV ou não ouviram as rádios pela manhã podiam sair de casa logo cedo, em mais uma quinta-feira do inverno russo. Cidade branca, coberta com uma leve camada de neve, ainda tranquila nas ruas, já agitada no metrô.

Entrávamos ao vivo diante do nosso hotel, quando o nosso tradutor, Dmitri, chegou. Seguimos, então, para a ponte Bolshoi Moskvoretski, em frente ao Kremlin e à catedral São Basílio, o principal cartão-postal de Moscou.

Logo ao lado, no centro da capital, fomos à saída de uma estação de metrô, para conversar com pessoas comuns, saber qual seria o sentimento, apoio ou crítica àquela intervenção militar no país vizinho. Não, ninguém ignorava o início da guerra. Apesar de as atividades continuarem normalmente, a apreensão variava entre repúdio e aprovação.

"Eu estou chocada e apreensiva. É o pior cenário que poderia acontecer. Eu tenho medo de que seja apenas o início de uma grande guerra", diz uma moscovita de 43 anos, com lágrimas nos olhos e a voz embargada.

Em seguida, é outra mulher que nos mostra com orgulho um *post*, que ela acabara de publicar nas redes sociais, de apoio ao presidente russo, afirmando que o país não atacava o povo ucraniano, mas apenas o "governo nazista de Kiev". Ela citava os mesmos termos utilizados por Vladimir Putin. "É o que todas as pessoas de Donbass estavam esperando. A Ucrânia não nos deixou escolha, tentamos negociar por anos, então tinha que acontecer, pois o mundo ocidental não nos escuta."

Qual dos dois testemunhos seria maioria no país? A população russa apoia a nova guerra? Questões que nos seriam feitas várias vezes ao longo do dia, tanto pelos nossos chefes em Paris quanto pelos nossos amigos na Europa e no Brasil.

Impossível cravar uma resposta quando se trata de um país politicamente autoritário, sem liberdade de expressão. Onde opositores políticos são presos, onde as mídias são censuradas, onde protestos contra uma decisão do governo são considerados ilegais. Basta sair às ruas com cartazes e mensagens contra o presidente para receber ordem de prisão.

MANIFESTAÇÕES PROIBIDAS

Dar entrevistas criticando o presidente Vladimir Putin já é um ato corajoso. Mais ainda, organizar protestos, apesar do medo e da certeza de que haverá inúmeras prisões. Ao menos temporárias. Foi o que fizeram milhares de russos na noite do dia 24 de fevereiro de 2022.

Pelas redes sociais, sobretudo Telegram e WhatsApp, centenas de mensagens são compartilhadas. O lugar de encontro já é conhecido de todos. Às 18h, na Praça Pushkin, local tradicional de protestos em Moscou. "As palavras de um poeta já são suas ações", escreveu Alexander Pushkin (1799-1837), poeta e escritor liberal, considerado o fundador da literatura russa moderna.

Chegamos à praça por volta das 17h30, aos pés da grande estátua do poeta moscovita. Não havia manifestantes. Ainda não. Era impossível duvidar que estávamos no lugar certo, pela presença de centenas de policiais, com caminhões e até ônibus em todos os lados e esquinas da praça.

Pouco a pouco, as pessoas vão chegando, caminhando lentamente. Alguns ousam gritar "não à guerra", outros apenas ficam parados na calçada e na praça. O suficiente para que policiais caminhem no meio da calçada avisando com um megafone: "Andem, andem.

Não fiquem parados... Vou repetir mais uma vez. Aqueles que não obedecerem às instruções da polícia serão presos e levados para a delegacia. Saiam já da praça!".

Se protestar é proibido, cobrir a manifestação também é arriscado para nós. Sem contar que continuávamos à espera da autorização de filmagem no país. Oficialmente, tampouco tínhamos o direito de estar ali. Decidimos, assim, gravar apenas com o celular, como um turista qualquer presente no inverno russo. Filmo a cena caminhando ao lado do policial, com meu celular, sem microfone ou equipamento profissional. Já que o áudio em russo seria necessariamente dublado em francês, a qualidade do som não é essencial. A mensagem, sim.

Começamos as entrevistas na calçada mesmo, discretamente. "Eu ouvi todos os discursos de Putin hoje. Ele é um paranoico, o que ele diz não corresponde à realidade. Eu não entendo o que ele está fazendo", diz um estudante de engenharia de vinte e poucos anos, que protesta ao lado de dois amigos. Nem pergunto o nome dele. Falar na frente da câmera, no caso do celular, já é o bastante. Não devemos identificá-lo. Assim seguimos com outras entrevistas improvisadas.

"Eu tenho medo das possíveis sanções econômicas, o clima de investimentos que já não é bom há muito tempo. Eu temo pelo futuro dos nossos filhos, esse futuro está desaparecendo", lamentou um pesquisador de 27 anos. "Os melhores profissionais saem do país. Eles entendem que não há perspectivas aqui. O regime de Putin impede o desenvolvimento da economia, da ciência e da educação", conclui.

A cada minuto que passa, mais russos chegam à praça. A maioria jovens, entre 18 e 40 anos. Desde a saída do metrô, a impressão é de estar sendo observado por todos os lados.

A cada minuto que passa, os policiais repetem a ordem de evacuar a praça. Oficialmente, qualquer manifestação de rua está proibida. A razão? "O risco de contaminação da covid-19", afirmara o porta-voz do Kremlin.

A cada minuto que passa, é possível escutar os gritos de "não à guerra". Às vezes, o clamor vinha do meio da multidão. Impossível identificar o(a) autor(a). Pouco importa. A resposta é quase sempre a mesma: correria e prisão.

Enfim, ao menos uma pessoa é detida a cada minuto que passa.

Literalmente. Os policiais entram correndo no meio da multidão, agarram o manifestante e o carregam pelos braços e pernas até um ônibus, que serve de prisão temporária, antes de levá-lo à delegacia.

"Se a pessoa for presa pela primeira vez, a multa é de 10 a 20 mil rublos (150 a 300 dólares)", segundo o advogado Mikhail Birioukov, que trabalha para a ONG OVD-Info. "Se a pessoa for pega uma segunda vez participando de um protesto em menos de um ano, ela corre o risco de sofrer uma detenção administrativa por um período de até 30 dias".

O próprio Mikhail Birioukov, acostumado a passar longas noites nas delegacias e no tribunal, estava revoltado no dia seguinte. Na tarde da sexta-feira, dia 25, nas escadarias do tribunal, o advogado não esconde o sentimento de injustiça. "As prisões em Moscou foram violentas, sem motivo e massivas. Eu tenho um cliente de 81 anos que foi preso. Pessoas foram detidas por muito tempo, e indevidamente, em delegacias de polícia", criticou o advogado.

Outro cliente de Birioukov é o diretor de cinema Dmitri Koubassov, de 37 anos. "Quando eu acordei de manhã com a notícia da guerra, eu liguei na hora para a minha prima que vive em Kiev. Ela e toda a sua família. Eles estavam em pânico. Tinham sido acordados de madrugada com o barulho das explosões e não sabiam o que fazer. Muita gente estava tentando deixar Kiev, mas eles não tinham para onde ir. Por isso, então, não hesitei em sair às ruas. É o mínimo que posso fazer para dizer não à guerra", explicou Dmitri.

Ele sabia dos riscos de ser preso, mas, por protestar pacificamente, não acreditava que poderia acontecer. "Não sou um ativista que grita algo contra o governo. Não quebro nada. O máximo que faço é estar presente no local e assistir ao protesto. Eu participei das manifestações de 2012 e de 2013. Agora eu queria apenas entender quem saiu, quantos estariam ali, tirar minhas próprias conclusões. Nem cartaz eu tinha nas mãos", conta Dmitri.

Naquela noite, pouco importava o comportamento dos manifestantes. A simples presença deles já era intolerável para o governo de Putin. "Eu estava somente filmando com meu celular quando eles agarraram minhas mãos por trás de mim, sem explicar, sem se apresentar. Momentos depois, fui levado para o ônibus e em seguida para a delegacia. Éramos mais de vinte pessoas, amontoadas como sardinhas."

Dmitri Koubassov passou mais de nove horas preso antes de ser liberado. "Eles abriram um processo por participação em uma manifestação não autorizada. Mas isso só depois de oito horas, o que é completamente ilegal. Segundo a lei, isso deve ser feito em no máximo três horas", lamentou.

"Tudo que aconteceu na delegacia foi um horror. Um inferno. Tudo é feito para te humilhar. Não há vaso sanitário, apenas um buraco no chão. O cheiro é terrível, a porta não fecha. Podíamos ouvir a TV ligada o tempo todo no canal de notícias Russia24, onde eles explicam por que precisamos desta guerra, segundo o governo", concluiu, revoltado, Dmitri. O próximo passo era esperar a decisão do tribunal para saber o valor exato da multa que ele deveria pagar.

No total, de acordo com a organização OVD-Info, cerca de 2 mil pessoas foram detidas em todo o país na noite do primeiro dia de guerra na Ucrânia. Metade apenas em Moscou.

DO LADO ERRADO DA FRONTEIRA

Apesar da revolta dos presos da noite anterior, o céu azul da capital russa só fazia a guerra na Ucrânia parecer ainda mais distante. Nos paralelepípedos da Praça Vermelha, em frente ao Kremlin, crianças continuavam correndo e brincando no carrossel, ao lado de uma feira de artesanato local. Para nós, era um contraste desconcertante com as imagens que vinham da Ucrânia, onde milhões de pessoas fugiam desesperadamente da capital. Foi o chamado "êxodo de Kiev".

Não fazia mais sentido continuar em Moscou. Tampouco esperar a autorização do ministério russo para ir até Donbass. A notícia era Kiev. O exército russo conseguiria o que Vladimir Putin chamou de "desnazificar" a Ucrânia? Em outras palavras, entrar na capital e derrubar o presidente democraticamente eleito Volodymyr Zelensky?

Claro, num café em Moscou, não tínhamos a menor resposta para essas perguntas. A única certeza, no entanto, é que queríamos ser testemunhas do que viria a acontecer. Jornalisticamente, era preciso atravessar a fronteira. Ir para o centro do país atacado.

Com 24 horas de guerra, não foi uma decisão fácil de ser tomada. Eu e Jérémie Paire conversamos por longos minutos, consideramos os riscos evidentes, mas tínhamos a impressão de cobrir o conflito num país em paz. Estávamos do lado errado da fronteira. Da história.

Ligamos para a redação e avisamos: estamos à disposição para ir até Kiev. A primeira reação do nosso chefe foi: *Vous êtes sûrs?* (Vocês têm certeza?). Em Paris, a agitação na redação era intensa. A edição especial sobre a guerra que havia começado na véspera continuava sem interrupção. Havia mais de 24 horas que só um assunto dominava as notícias: a guerra na Ucrânia e todas as suas consequências humanas, políticas e econômicas.

Ter seus próprios jornalistas presentes em Kiev era uma necessidade para o canal. A resposta veio em alguns minutos: "Parem tudo o que estiverem fazendo e sigam para o aeroporto. Tem um voo para Varsóvia no início da noite, daqui a quatro horas, é possível?".

Para nós, seria. Deixamos a matéria sobre a repressão às manifestações do dia anterior e fomos direto para o hotel, pegar as malas e seguir para o aeroporto internacional, aonde havíamos chegado havia apenas 48 horas.

Como o espaço aéreo ucraniano estava, claro, fechado por causa dos bombardeios, a opção mais rápida para chegar a Kiev seria pegar um avião para Varsóvia, na Polônia, e de lá seguir de carro até a capital atacada.

Em tempos de guerra, porém, nada se passa como o previsto. Ao chegarmos ao aeroporto, uma notificação no celular indica: "A Polônia é o primeiro país da União Europeia a fechar o espaço aéreo com a Rússia". Na prática, nenhum voo russo poderia mais decolar, aterrissar ou mesmo sobrevoar o país.

A nossa passagem, marcada para dali a duas horas, era com a companhia polonesa Lot. Durante alguns minutos, nem os funcionários da empresa sabiam informar se o voo polonês seria autorizado a decolar em direção ao próprio país. Uma hora depois, a resposta era clara: voo cancelado, toda ligação direta com Moscou estava proibida. Estávamos bloqueados.

Outros países europeus deveriam anunciar o fechamento em breve. Era urgente deixar o país. Caso contrário, as soluções seriam conexões via Turquia, Catar. O que seria ainda mais longo e custoso para a redação.

Naquela noite, entretanto, não havia mais opção. A solução só veio no dia seguinte, no sábado, 26 de fevereiro, com um voo de Moscou para Viena, na Áustria, e de lá, três horas depois, enfim, uma conexão para Varsóvia.

Da capital polonesa para Kiev são cerca de 800 quilômetros ou dez horas de estrada, em tempos de paz, com todas as rodovias abertas. Não era o caso, claro, mas não havia outro plano. Alugamos um carro no Aeroporto Internacional Frédéric Chopin, de Varsóvia, e fomos dormir num hotel na saída da cidade, a quatro horas da fronteira. Era a nossa última noite tranquila, sem sirenes. Em paz.

CAPÍTULO 4

De Moscou a Kiev

Eles são os homens ou mulheres dos bastidores. Não aparecem, mas são os olhos e a boca dos repórteres estrangeiros em um país em guerra. No jargão da profissão, chamamos de *fixer*, ou seja, o tradutor e guia. Através do seu conhecimento do país, o fixer é fundamental para o jornalista estrangeiro entrar em contato com os cidadãos, conversar, entrevistar, reportar a realidade vivida por aquelas pessoas que se comunicam em uma língua desconhecida. Numa zona de conflito, a necessidade do fixer vai além, claro, de encontrar os bons interlocutores. Torna-se uma questão de segurança pessoal.

Por isso que, desde que decidimos ir para Ucrânia, esse foi o nosso primeiro desafio. Encontrar um tradutor no oeste do país, que falasse francês ou inglês, e que topasse nos acompanhar até a capital Kiev. Não era tarefa fácil.

A primeira pista concreta veio com o tradutor polonês de uma equipe da TV em que trabalho, que estava na Polônia cobrindo a chegada dos refugiados à fronteira. Quando nos encontramos com eles e me apresento em francês, recebo logo um sonoro "Bom dia, João, tudo bem?".

Sim, em bom português, com sotaque meio carioca. É que o Piotr é casado com uma brasileira e tinha morado no Rio por vários anos, trabalhando como fotógrafo. De volta a Varsóvia, ele ainda fala fluentemente o português, assim como francês, inglês e russo. Conversamos por alguns minutos, e ele nos passou o contato de uma mulher ucraniana na região de Lviv que falava inglês: Anastasiya, trinta e poucos anos, funcionária pública na administração local da pequena cidade de Novoïavorivsk.

Num mundo ideal, desejaríamos que o nosso fixer viesse nos encontrar na fronteira. Seria, sem dúvida, muito mais simples se tivéssemos o tradutor conosco para dialogar a cada checkpoint na estrada. E seriam muitos. A guerra, porém, já é a definição oposta de um mundo ideal.

Naqueles primeiros dias desde o início do conflito, as filas de carros para deixar o país eram quilométricas. Muitos ucranianos, inclusive alguns colegas jornalistas que cobriam o êxodo desesperado das famílias, ficaram até cinco dias nas filas. Dia e noite, avançando poucos metros a cada hora. Resumindo, seria impossível esperar que a nossa tradutora nos encontrasse na fronteira. Foi preciso aceitar que teríamos que viajar algumas horas de estrada sem nenhum tradutor, em um país em guerra, o que só aumentava a nossa apreensão.

O plano B foi pedir que Anastasiya ficasse sempre com o telefone nas mãos. Se necessário, ligaríamos para ela fazer a tradução pelo viva-voz.

Seguimos, então, para um pequeno posto de fronteira, mais ao sul dos dois países. Sabíamos que outros jornalistas tinham sido impedidos de atravessar a fronteira pelos policiais poloneses, pois estavam com um carro alugado em Varsóvia, sem seguro no país vizinho. Era o nosso caso também. Um carimbo vermelho no contrato de aluguel indicava claramente: "Proibida a utilização deste veículo fora da União Europeia, sobretudo na Ucrânia e na Bielorrússia". Nesse caso, não tínhamos um plano B. Era tentar ou tentar.

Chegamos à fronteira, próximo à cidade de Zosin, nas margens do rio Bug. Do outro lado da ponte, o posto de fronteira da Ucrânia. Do nosso lado, os poloneses. Mostramos nossas carteiras de jornalistas e passaportes franceses. Dois policiais verificam rapidamente a mala do carro e entram no guichê com os nossos documentos. Em menos de dez minutos, um dos policiais retorna, acompanhado de uma mulher ucraniana, e nos faz o seguinte pedido em inglês: "Vocês poderiam dar uma carona para esta senhora até o outro lado da ponte? Ela quer se encontrar com a família, que está na fronteira ucraniana". Respondemos que sim, sem hesitar.

Talvez tenha sido graças a essa carona de 500 metros que conseguimos entrar no país. Talvez. Nunca saberemos ao certo o que aconteceu. Nos dois minutos de carro para atravessar a ponte, ainda tentamos um diálogo, mas a senhora não falava nem uma palavra em inglês.

O fato é que, do lado ucraniano, a mulher desce imediatamente do carro e ainda explica aos policiais que éramos jornalistas. Foi, ao menos, a impressão que tivemos.

Jornalistas franceses? Pergunta a policial após a saída da nossa carona. Eles olham os passaportes, verificam a mala no carro e... *Ok, good luck and take care!* ("Boa sorte e cuidado"), disseram os policiais quando deixamos o posto da fronteira.

Palavras que não diminuíam o misto de adrenalina, apreensão, medo e angústia de estarmos sós, eu e o meu colega Jérémie Paire, numa estrada desconhecida, num país que estava sendo invadido. Jérémie ao volante, eu abro os passaportes para procurar o carimbo ucraniano. Não tinha. Nem um visto.

Naquele momento, não imaginávamos que a falta de um carimbo de entrada no país ainda nos custaria uma metralhadora na cabeça e algumas horas de grande estresse alguns dias depois. Seguimos a estrada na região oeste do país, até então sem ataques aéreos russos.

Trajeto Varsóvia – Kiev. Três dias de estrada rumo à capital ucraniana.

CHECKPOINTS

Com menos de quinze minutos de estrada, na saída do primeiro vilarejo, estávamos diante do primeiro checkpoint. Uns dez homens armados, com fuzil de caça e roupas no estilo militar. Eram claramente civis, fazendo a segurança da cidade. Foi o nosso primeiro teste; achávamos que conseguiríamos explicar, nem que fosse por mímica, que éramos jornalistas, a trabalho etc.

Confesso que foi bem mais difícil do que eu imaginava. Falar em inglês, francês, espanhol ou português dava no mesmo. Não tínhamos nenhuma língua em comum. A paciência, sobretudo a deles, não durou muito. Com o fuzil na mão, fizeram sinal para abrir a mala, queriam verificar cada bagagem. Peguei a câmera, mandaram colocá-la no chão imediatamente. Tentamos dialogar por meio de mímica. Não adiantou. Foi aí que ligamos pela primeira vez para Anastasiya. Ela precisou de apenas um minuto para explicar o que diabos dois estrangeiros estavam fazendo numa pequena cidade ucraniana, indo em direção ao conflito. E informou que ela própria estava nos esperando na cidade de Novoïavorivsk, a cinquenta minutos a oeste de Lviv. Ou seja, ela era nossa anfitriã e fiadora junto aos soldados e civis armados ucranianos.

A nossa expectativa era levar cerca de três horas de estrada até Novoïavorivsk. Isso sem contar com pelo menos quinze checkpoints pelos quais ainda iríamos passar. No caso, havíamos aprendido a lição. Quando avistávamos um ponto de controle na estrada, já tocávamos no número da nossa fixer, sem hesitar. Assim, era só abaixar o vidro do carro com o celular no viva-voz. Era tudo bem mais simples. Exceto o clima.

Como se não bastasse a angústia da guerra, os atrasos na estrada em razão dos controles e a noite que se aproximava, o cenário de filme de suspense ficou completo com uma tempestade de neve digna dos Alpes franceses. Só que, em vez de chalés e restaurantes, eram cidades às escuras e homens armados nos acostamentos. Durante alguns minutos, foi impossível até ver o asfalto, de tanta neve que caía. Estávamos dirigindo a 20-30 km/h... e um novo checkpoint. A cada entrada e saída de um vilarejo. Parecia uma viagem sem fim.

Civis constroem um checkpoint com blocos de cimento e sacos de areia na estrada, próximo à cidade de Lviv.

BLACKOUT TOTAL

Por volta das 20h chegamos a Novoïavorivsk. Uma cidade de 30 mil habitantes, escondida no escuro da noite, com a iluminação pública apagada e o pedido aos moradores para que desligassem toda e qualquer luz próxima da janela.

É a chamada tática do "blackout", para evitar ataques aéreos inimigos, apesar de que hoje os benefícios desse tipo de estratégia são quase nulos, em razão da tecnologia avançada dos instrumentos de localização. Esse recurso, contudo, foi bastante utilizado durante as guerras do século XX, notadamente pelos ingleses, para se protegerem dos bombardeios nazistas durante a Segunda Guerra Mundial.

Assim que entramos na cidade, fomos direto encontrar Anastasiya. O lugar, um prédio da administração local. Era um enorme edifício de concreto exposto, digno dos tempos soviéticos, com longos corredores e dezenas de salas de reunião e escritórios. Naquela noite, os problemas do cotidiano eram irrelevantes diante do perigo da guerra.

Fomos logo apresentados a outros funcionários públicos, que estavam ali de modo voluntário, participando de algum tipo de esforço de guerra. Conversamos por alguns minutos, para explicar o propósito da nossa missão como jornalistas, com o objetivo de mostrar a realidade dos ucranianos e como eles se preparavam para o pior.

Nossa primeira matéria foi filmada logo em seguida, no térreo do próprio prédio, com a "guarda cidadã, um grupo que foi criado em 2014, no momento da Revolução Maidan, e no início do conflito atual. São, em sua maioria, jovens, homens, estudantes, que se revezam dia e noite para vigiar as ruas. "Com a suspensão das aulas na universidade, eu não queria apenas ficar em casa vendo televisão. Por isso, vim participar da brigada", conta Orest, 18 anos, até então estudante do curso de Física, na cidade de Lviv. "Se algum morador vê algo estranho ou suspeito, ele nos liga e nós mandamos um grupo patrulhar o local", explica o adolescente.

No total, 330 pessoas já participavam da guarda cidadã na cidade de Novoïavorivsk. "Nós não recebemos arma alguma do governo federal, mas alguns membros têm seus próprios fuzis de caça", relata o chefe da Guarda Cidadã, Volodymyr Matselyukh.

Desde o início da invasão russa, um movimento de resistência se organiza em todos os níveis da sociedade. Cada cidadão tenta contribuir à sua maneira. É o caso de uma amiga de Anastasiya, que prefere não ser identificada e que, segundo ela, faz uma guerra de comunicação nas redes sociais. Em russo, ela escreve mensagens destinadas às mães dos soldados de Putin: "Mais de 4 mil militares russos já morreram nesta guerra. Vocês deixarão os seus filhos virem também morrer na Ucrânia?", pergunta ela nos textos publicados. Naquele momento, o grande medo dos habitantes da região de Lviv era uma invasão do exército russo, vindo da Bielorrússia.

Gravamos as primeiras "sequências" da matéria, no jargão da TV, e mandamos tudo para a redação. A edição seria feita em Paris. Já era tarde, por volta da meia-noite, e precisávamos descansar um pouco, já que a maratona de entradas ao vivo e de matérias iria começar cedo no dia seguinte. A primeira entrada estava prevista para as 6h30 da manhã.

TOQUE DE RECOLHER E CIDADE CONFINADA

Não eram apenas as universidades que fechavam as portas por causa da guerra. Todo comércio dito não essencial também estava temporariamente suspenso. Achar um hotel aberto numa cidade pequena como aquela seria impossível. Foi aí que a nossa fixer Anastasiya nos salvou mais uma vez: um amigo dela tinha acabado de construir um estúdio, ao lado da casa dos pais, na periferia da cidade. Duas camas, banheiro completo, aquecimento. "Nada muito luxuoso, mas os pais dele estão em casa e ele disse que seria um prazer recebê-los", ressaltou Anastasiya. Seguimos para lá. Estava tudo ótimo. E seria de lá mesmo, no meio do nada, que iríamos fazer o primeiro ao vivo da manhã do dia seguinte, contando o clima no país e a organização da sociedade civil, ainda que longe da linha de frente do conflito.

Após as primeiras entradas ao vivo, gravamos outra sequência no centro cultural da cidade, que recebia inúmeras doações de roupas, alimentos e produtos de higiene pessoal a serem doados àqueles que abandonaram suas casas e migraram para o oeste do país. Já a algumas centenas de metros do centro, uma escola pública servia de abrigo temporário para os deslocados internos.

Era o caso do professor de Filosofia Samir. Argelino, casado com uma ucraniana e morador de Kiev desde 2017, ele decidiu deixar o país depois de passar três noites num *bunker*, na capital. "Ainda não sei o que vou fazer nem para onde vou exatamente, só quero atravessar a fronteira para a Polônia o mais rápido possível."

Samir podia deixar a Ucrânia justamente por ser argelino e não ter cidadania do país. Para todos os homens ucranianos de 18 a 60 anos, a regra era clara: proibição absoluta de viagens ao exterior.

Quanto a nós, era preciso organizar a etapa seguinte: seguir o máximo possível para o leste do país, em direção à capital. No carro, levávamos um estoque de água, comida e dois galões de gasolina de

20 litros cada um, que havíamos comprado na Polônia. Praticamente um tanque extra. Era uma segurança se viesse a faltar combustível nas estradas ucranianas. A ideia era abastecer o carro cada vez que chegássemos à metade do tanque. Os galões, claro, só seriam usados em caso de emergência.

Ir para Kiev, no entanto, não estava nos planos de Anastasiya. Desde o primeiro contato, ela deixou bem claro que nos ajudaria em tudo que fosse possível na região de Lviv, mas que não iria se arriscar além dali. Detalhe: na nossa despedida, quando fomos pagar pelos dois dias de trabalho dela conosco, ela ficou surpresa. Não queria receber, se sentia culpada por ganhar dinheiro com a guerra. Era quase uma ofensa pessoal. Compreendemos o sentimento dela, claro, mas insistimos para que recebesse. O que ela faria com o pagamento não cabia a nós julgar. Ela havia trabalhado, nos ajudado bastante e era natural ser remunerada por isso. Assim foi feito.

Agradecemos mais uma vez e seguimos em direção a Lviv, onde, depois de muitos telefonemas e mensagens, iríamos encontrar um jovem ucraniano de 25 anos, que *a priori* aceitaria ir conosco até Kiev. Igor havia estudado Relações Internacionais durante três anos em Marselha, no sul da França. Falava um francês impecável. De volta ao seu país, ele trabalhava no Departamento Cultural do Instituto Francês de Lviv, fechado por causa da guerra.

Encontramo-nos com ele no apartamento que dividia com a namorada, no centro da cidade. Tomamos um café e conversamos por quinze minutos, falamos sobre nosso objetivo e explicamos a nossa forma de trabalhar. Seríamos uma equipe – ele teria um papel fundamental, e todas as decisões de seguir em frente ou não deveriam ser tomadas de forma unânime. Ou seja, ninguém seria obrigado a fazer algo que julgasse perigoso demais.

Igor nunca havia trabalhado com jornalistas. Ele deixara os estudos diplomáticos e o trabalho cultural para acompanhar dois estrangeiros rumo a um conflito armado de proporções ainda desconhecidas, sobretudo naquele que era apenas o quinto dia da invasão russa. "É a minha forma de lutar, de ajudar o meu país", dizia ele.

PRIMEIRA NOITE NUM BUNKER

Com as duas estradas do norte do país fechadas por causa do conflito, a nossa única opção era seguir pela rodovia de mão dupla que corta o centro da Ucrânia. Era o caminho mais seguro, ainda que mais longo.

Apesar de o fluxo maior de carros estar sempre na direção contrária à nossa, enfrentamos inúmeros engarrafamentos monstruosos a cada checkpoint. Levamos cerca de quatro horas para percorrer os 130 quilômetros que separam Lviv de Ternopil, cidade com cerca de 220 mil habitantes. Buscamos um hotel com abrigo antiaéreo. A partir dali, sabíamos que entrávamos em outro nível de tensão.

Ao chegarmos à recepção, as informações básicas de um hotel, como o horário do café da manhã, por exemplo, não tinham nenhuma relevância naquele momento. Até porque não havia mais: a cozinha do hotel estava fechada. O importante, na realidade, eram as orientações em caso de alarme antiaéreo: "Como nem sempre é possível escutar a sirene em todos os quartos, um funcionário passará batendo nas portas para avisar que é para descer imediatamente", avisou a recepcionista. Que continuou, calmamente: "A escada para o subsolo fica aqui atrás. Nós já colocamos várias cadeiras por lá, mas não há aquecimento. Aconselho a descer bem agasalhados. Nunca se sabe quanto tempo deverão ficar até o final do alerta", concluiu.

Com todos os restaurantes fechados na cidade, saímos para comprar algo em um dos poucos supermercados ainda abertos e voltamos para comer no hotel. Sabia que um alerta durante a madrugada era bem provável, só não esperava que fosse antes mesmo de me deitar.

Só alguns minutos no quarto e pulo da cama, com o barulho no corredor e a batida forte à porta do quarto. De fato, não dava para ouvir a sirene. Em alguns segundos, calcei a bota, peguei a mochila com os principais equipamentos e a câmera, um saco com água e comida e me dirigi em passos rápidos ao *bunker*. Era a primeira vez que iria me abrigar com medo de um míssil.

No subsolo do hotel, uma grande sala retangular, que antes servia de depósito, agora reunia cerca de vinte hóspedes, sentados em cadeiras ao longo da parede. A maioria famílias que pararam uma noite para descansar e que estavam indo no sentido oposto ao nosso. Conversamos com um casal dos seus 40 anos, ele americano, ela ucraniana. Moravam em Dnipro, a leste do país, e estavam havia dois dias na estrada, fugindo para a Polônia, por "alguns dias ou semanas", lamentavam eles, para a casa de amigos em Varsóvia.

Naquela noite, foram cerca de cinquenta minutos todos juntos, esperando um novo alerta, que significasse o fim do perigo. Na prática, a partir do momento que um míssil entra no espaço aéreo ucraniano, dependendo da trajetória, um alerta é enviado a todas as cidades que estão potencialmente na rota do projétil, pois é impossível, claro, saber onde exatamente será o impacto. Sem contar que, nas grandes cidades, um sistema de contra-ataque tenta interceptar e destruir o míssil inimigo ainda no ar. Por isso, na maioria das vezes, acaba sendo um "alerta falso", ou seja, a bomba caiu em outra cidade ou foi abatida no ar. Foi o caso naquela noite fria de 28 de fevereiro.

No dia seguinte, tínhamos uma só missão: pegar a estrada e seguir o máximo possível até Kiev. Se todas as rodovias estivessem abertas e seguras, seriam cerca de seis horas de volante. Com os russos já presentes na periferia da cidade de Jytomyr, era mais seguro seguir um pouco mais ao sul, passando pela cidade de Uman. No papel, 600 quilômetros nos separavam de Kiev, oito horas de estrada. Chegaríamos a Kiev ainda naquela noite, antes das 20h, horário do início do toque de recolher? Era o objetivo, mas sabíamos que era pouco provável.

Ao atravessar o checkpoint militar na saída de Ternopil, uma primeira imagem já causa espanto. Uma fila interminável de carros civis e da Cruz Vermelha esperam para passar o controle em direção ao oeste do país. Pela janela, começo a gravar com o telefone enquanto avançamos rumo ao leste. Vários quilômetros de automóveis. Muitas famílias. A grande maioria com uma folha de papel A4 colada no vidro da frente e um grito de socorro escrito em letras garrafais: CRIANÇAS.

Se em Ternopil a guerra ainda era uma ameaça iminente, em Uman já era realidade. Situada no centro do país, a apenas três horas de carro ao sul de Kiev, a cidade sofreu o primeiro ataque no segundo dia de guerra. Um morteiro caiu na praça central da cidade, matando um jovem que passava de bicicleta bem ao lado da explosão e ferindo outras cinco pessoas.

Por volta das 18h nós entramos na cidade. E logo na chegada, ainda a caminho do hotel, uma sirene toca. Primeiro momento de grande estresse. Sabíamos que o tal do risco potencial, nesse caso, era real. Aceleramos ao máximo para chegar ao hotel, onde fomos direto para o estacionamento no subsolo. Na verdade, só alguns poucos carros da família do gerente do hotel estavam ali parados. A grande maioria das vagas estava vazia, reservada às pessoas, crianças e adultos.

Na cidade de Uman, a garagem de um hotel foi transformada em *bunker*.

"A VIDA É BELA"

Num ambiente de concreto frio, camas improvisadas, que não ousaria chamar de colchões de tão finos que eram, foram postas às pressas no chão. Contra a parede, alguns sofás, colocados como que para recriar uma aparência de vida normal. Já as crianças mantinham os casacos e sapatos. Algumas permaneciam abraçadas à sua mochila escolar, outras corriam, brincavam, desenhavam, sorriam. Aproveitavam, enfim, a inocência infantil.

Vendo aquelas imagens de alegria no meio da tragédia, eu só pensava nas cenas do premiado filme italiano *A vida é bela*, de Roberto Benigni, em que, para preservar o filho dos horrores do campo de concentração nazista, um pai explica à criança que tudo aquilo era apenas um jogo. Que era necessário passar por várias provas para ganhar. Nessa obra de ficção de 1997, o prêmio seria um tanque militar. Na vida real, muitos pais ali mereceriam todos os Oscars do filme.

Entre eles, Alexander, 40 anos, com duas filhas. Quando nos aproximamos, o homem, num gesto de raiva, arranca o próprio gorro e olha fixamente para a lente da câmera. Ele tem uma mensagem a transmitir ao agressor. "Meu nome é Alexander. Estamos esperando por Putin aqui. Eu gostaria que ele olhasse nos meus olhos e nos das minhas filhas. De todas essas pessoas que estão se escondendo. Quem deu a ele o direito de se comportar assim conosco?", questiona o pai de família, com a voz embargada e olhos lacrimejados.

No sexto dia da invasão russa, Alexander deixou explodir sua raiva contra o presidente da Federação Russa, que anunciou que queria "desnazificar e desmilitarizar" seu vizinho, na manhã de 24 de fevereiro.

Apesar da indignação internacional e de várias sanções econômicas contra a Rússia, a guerra continuava a fazer dezenas de vítimas civis do lado ucraniano. Apenas naquele dia, em Kharkiv, segunda maior cidade do país, o governador anunciou a morte de onze pessoas, após mísseis russos atingirem uma área residencial. Ao mesmo tempo, cinco pessoas perderam a vida no bombardeio de uma torre de televisão em Kiev.

Diante dessa violência, Alexander tenta explicar da melhor maneira possível a realidade do conflito para suas filhas. "Eu minto, conto histórias, invento brincadeiras para elas. Ainda bem que a minha filha pequena não entende muito, mas a mais velha compreende tudo. Não tem como mentir tanto", lamenta.

Moradores de Uman, era a sexta noite que a família passaria no estacionamento. O abrigo, aliás, não era exclusivo dos hóspedes do hotel. O proprietário do estabelecimento havia autorizado amigos e familiares dos funcionários a irem se proteger noite e dia. Cerca de cinquenta pessoas se reuniam a cada toque do alarme.

Como a pequena Ariana, também presente no *bunker*. Ela tenta continuar sorrindo, apesar do frio. "Estou aqui porque a sirene tocou. Quando isso acontece, pegamos nossos telefones, nossas coisas importantes e corremos para cá, no subsolo. Não nos sentimos seguros, mas não temos escolha", explica Ariana. Envolta em um grosso casaco rosa-claro, a garotinha já sabe como reagir em caso de bombardeio. Ela tem 7 anos de idade.

CAPÍTULO 5

Kiev, a angústia da invasão

"Eu conheço bem essa câmera. Eu sou, ou era, fotógrafo e cinegrafista até a semana passada". Com os dedos num fuzil e vestido com uma roupa militar, o fotógrafo que filmava casamentos e eventos em Kiev agora estava ali, no principal checkpoint à entrada da capital. Ao lado dele, cruzes de ferro antitanques, grandes blocos de concreto e militares altamente armados faziam a guarda junto de civis, engajados no grupo que eles chamam de "Defesa Territorial".

Foi o ex-fotógrafo o encarregado de verificar o que levávamos na mala do carro. Se tínhamos ou não armas. Aos vinte e poucos anos, com um inglês fluente, ele pede para abrir as bagagens. Até que vê a câmera. "A minha vida era outra. Nunca imaginei estar com uma arma na mão", lamenta o jovem ucraniano, antes de nos desejar boa sorte na cobertura.

Estávamos, enfim, em Kiev. Cinco dias de périplo entre as duas capitais agora inimigas. A lembrança da vida ordinária que seguia em Moscou era o oposto da Kiev que se barricava, vazia, sem vida cotidiana, quase silenciosa.

Esse foi, aliás, o primeiro choque que levamos ao percorrer as grandes avenidas dessa metrópole de 3,5 milhões de habitantes: um enorme silêncio. Mas não aquela tranquilidade de um domingo de manhã bem cedo, quando a cidade ainda descansa serena. Era um silêncio angustiante, interrompido constantemente pelas sirenes de alarme antiaéreo ou, ainda pior, pelo barulho de explosões na periferia.

Kiev – checkpoint em plena Praça Maidan: cruzes de ferro, blocos de cimento e sacos de areia foram colocados no centro da capital.

Nos nossos primeiros sessenta minutos em Kiev, foram nada menos do que três sirenes e cinco explosões ao longe. Atravessamos a cidade em direção a um hotel, próximo da Praça Maidan, onde vários jornalistas estrangeiros estavam hospedados. Sim, alguns poucos hotéis permaneciam abertos. Muitos outros já tinham fechado, assim como praticamente todas as lojas, bares e restaurantes. Apenas os chamados "comércios essenciais" estavam funcionando, como supermercados e farmácias.

Deixamos uma parte do material no hotel e seguimos a pé para a praça central da cidade, frequentemente lotada de passantes. Por volta das 16h ela estava vazia. Queríamos conversar, entrevistar os raros moradores que ainda víamos nas ruas.

Foi o caso de Macha, uma jovem de 18 anos, que andava a passos lentos, apoiando os braços da avó. "Estamos indo ao supermercado porque estamos quase sem comida, temos que comprar mais, caso tudo feche amanhã ou depois de amanhã", explica Macha. A jovem professora de Inglês tinha ficado na cidade para cuidar da avó. "Acho que todos os meus alunos já deixaram Kiev, eu nem consigo falar com eles. Mas minha avó não quer ir embora. Eu vou ficar e me juntar ao grupo de voluntários, ajudar como puder aqui".

Ao lado da neta, a avó faz sinal de que é preciso se apressar para encontrar um supermercado ainda aberto. Retomando os passos, Macha ainda nos responde como estão sendo esses dias de guerra. "Muito difícil. Quando ouvimos as sirenes, descemos para o *bunker*. Passamos as duas últimas noites no abrigo. É muito cansativo, muito, mas tentamos nos manter fortes, esperar que algo aconteça, acreditamos em nossos soldados", disse a ex-professora de Inglês e agora futura voluntária de guerra.

Em seguida, cruzamos com um casal de estudantes universitários, com duas sacolas de supermercado cheias. "São produtos para a casa e comida para dividirmos. Tem biscoito, pão, linguiça e queijo. Não tem nada de especial, não. Mas acredito que ainda temos comida para uma semana", contaram. "À noite, nós dividimos o que compramos com os nossos vizinhos no *bunker* do prédio."

Apesar das aulas suspensas, eles decidiram ficar na cidade. A nova rotina? Passar o dia todo em casa, só sair para fazer compras rapidamente. "No começo eu estava com muito medo, mas agora estou me acostumando a tudo isso. Nos dois primeiros dias, descia para o subsolo cada vez que escutava a sirene. Hoje, muitas vezes, nem desço mais. Estamos exaustos", confessa.

EXPLOSÃO NA ESTAÇÃO FERROVIÁRIA

Não descer para os *bunkers* a cada sirene também tinha se tornado a regra para muitos jornalistas presentes no nosso hotel. Na prática, os alarmes eram tão constantes que, se fôssemos nos abrigar a cada nova sirene, passaríamos grande parte do dia confinados. Detalhe importante: até aquele momento, os russos não haviam bombardeado o centro histórico da capital ucraniana. Eram explosões relativamente longe, num raio de cerca de 20 quilômetros. Isso já era suficiente para nos dar um (falso) sentimento de segurança.

A partir das 20h e do toque de recolher imposto na capital, fazíamos as entradas ao vivo no estacionamento do hotel, na parte interna do prédio. Às 21h, estávamos então no nível da rua, quando uma grande explosão fez tremer o solo. Enorme susto para todos. Era a primeira vez que ouvíamos o estrondo de tão perto, que sentíamos, de fato, o perigo iminente.

Descemos para o subsolo. Procuramos informações nos grupos de Telegram ucranianos. As primeiras informações oficiais indicavam um ataque à estação ferroviária central de Kiev. Felizmente vazia, por causa do toque de recolher à noite. Poucas horas depois, o governo ucraniano anunciou que o míssil russo visava provavelmente um prédio do Ministério da Defesa, próximo à estação, e que foi desviado pelo sistema de defesa antiaéreo da capital. Resultado: caiu a alguns metros da principal estação ferroviária da cidade. Não houve vítimas.

No dia seguinte pela manhã, fomos até o local da explosão. A cerca de apenas cem metros da estação central, os estragos eram visíveis. A detonação danificou uma parte da tubulação pública que transportava água quente para o aquecimento das casas, destruiu todos os vidros das janelas de um hotel situado ao lado, assim como as portarias de entrada de duas plataformas de trem. Por sorte, os trilhos situados mais abaixo não foram danificados. Os trens poderiam continuar circulando.

Quanto à usina termelétrica afetada, deveria ser "reparada nas próximas horas", indicou o porta-voz do Ministério do Interior. De fato, ao chegarmos ao local, vários operários já estavam trabalhando na reparação dos tubos. Como se fosse apenas um incidente qualquer. Apesar de tudo, alguns serviços públicos continuavam operando.

"FERROVIAS DA UCRÂNIA"

O mais importante exemplo de serviços essenciais do Estado ainda em funcionamento é o caso da Ukrzaliznytsia (UZ), ou "Ferrovias da Ucrânia". São 230 mil empregados, a maior empresa do país. A companhia nacional é um legado dos tempos soviéticos e tornou-se símbolo da corrupção endêmica que atinge todas as esferas dos poderes público e privado.

Na época do Exército Vermelho, as ferrovias eram a base da logística militar de Moscou. Tropas e armas circulavam por todo o império pelos caminhos de ferro. Uma grande rede de postos cruzava o território, os quais funcionavam também como fontes de inteligência.

A primeira reviravolta na relação com a Rússia acontece em 2014, com os territórios ocupados em Donbass e a anexação da Crimeia. Os trens ucranianos não circulam mais nas áreas controladas pelo Kremlin. Foi aí que a companhia começou a olhar para o Ocidente, sobretudo com o lançamento do projeto da União Europeia chamado de Rail Baltica, que pretende ligar a Finlândia a Berlim, passando pelos países bálticos e pela Polônia em 2030.

No dia 14 de fevereiro de 2022, exatamente dez dias antes do início da guerra, a UZ encomenda 210 novas locomotivas. E, pela primeira vez na história, a compra não é feita à gigante russa Transmashholding, mas à multinacional francesa Alstom.

A assinatura do contrato parece uma cúpula internacional em Kiev, com apertos de mão e fotos entre os presidentes Macron e Zelensky. "Não se trata apenas de um acordo sobre o fornecimento de equipamentos, mas da integração da Ucrânia no sistema econômico e na rede de transportes da União Europeia", afirma Oleksandr Kubrakov, ministro ucraniano de Infraestrutura.

Em Moscou, Vladimir Putin não esconde o descontentamento. O presidente russo acusa os "agentes do Ocidente", como ele chama, de querer assumir o controle de órgãos estatais ucranianos.

Após a independência da Ucrânia, em 1991, a Ukrzaliznytsia é criada para administrar as redes ferroviárias do país. Desde então, é sempre muito criticada por causa da corrupção estrutural e de sua incapacidade de reforma.

Com a guerra, tudo muda. Entre 24 de fevereiro e 4 de março de 2022, um milhão de pessoas foram transportadas nos trens em todo o país, segundo a empresa. Como se as deficiências históricas da companhia fossem agora suas grandes vantagens. Primeiro, o seu alto número de funcionários. O que muitos dirigentes consideravam inchado demais era o que permitia o funcionamento durante a guerra, apesar da ausência evidente de uma parte dos trabalhadores. Segundo, a rede de pequenas linhas também permitia o reencaminhamento de passageiros e mercadorias por vias paralelas em caso de ataque. Terceiro, os trens a diesel, que já deveriam ter sido trocados por elétricos, finalmente podiam circular, mesmo em caso de pane de energia.

"Nossos tanques entram primeiro, depois nossos trens: os ferroviários são o nosso segundo exército", diria Mykhaïlo Makarenko, 58 anos, diretor das ferrovias de Kharkiv, em entrevista ao jornal francês *Le Monde*, em dezembro de 2022. Segundo ele, 232 ferroviários morreram e 324 ficaram feridos durante os dez primeiros meses do conflito. Heróis de Ferro, é assim que os ucranianos os chamam.

FUGIR PELOS TRILHOS

Voltemos a Kiev. Apesar dos riscos de novos ataques aéreos, naquela manhã gelada do inverno ucraniano, uma multidão lota o terminal central. Em pé, sentados nas malas, deitados no chão próximos aos aquecedores. Milhares de pessoas. Pouco importa a posição e o tempo passado na estação, a maioria tem os olhos vidrados nos painéis de horários dos trens. Dezenas de trajetos previstos em direção ao sul e ao oeste do país. Era o oitavo dia de guerra. Fugir, o objetivo principal.

Kiev – milhares de pessoas lotam a estação de trem para tentar fugir da capital ucraniana, uma semana após o início da invasão.

De repente, uma mãe passa apressada com uma criança no colo e de mãos dadas com outra, já maior. "Eu quero pegar qualquer trem que nos leve para longe daqui. Pouco importa onde", nos disse Olga, moradora da cidade de Oukraïnka, a 50 quilômetros da capital. "Meus pais e meu filho maior ficaram por lá. Mas eu tenho muito medo pelos meus dois filhos pequenos", completou, antes de se dirigir à plataforma.

Não era preciso comprar passagem. O acesso aos trens era organizado por ordem de chegada e preferência. Mulheres e crianças, sobretudo. Olga e os filhos não passariam mais aquela noite em Kiev. Partiram rumo ao oeste do país.

Diante de nós, outras famílias se abraçavam, choravam, se despediam. Mães e filhos subiam nos trens. Pais e irmãos maiores de idade eram obrigados a ficar. Às vezes, dava a impressão de estar num filme. Mas sem cenas de comédia. Só drama, tragédia. A vida real, porém, cria cenários ainda mais surreais.

Do lado de fora da estação, avistamos um casal de idosos, vestidos com calça jeans, gorro na cabeça e com duas malas. Perguntamos qual seria o destino deles, para onde estavam indo.

– Kiev – responderam.

Por alguns segundos, acreditei que eles tinham entendido errado a pergunta. Não queríamos saber de onde eles vinham, mas para onde iriam. Tentamos novamente.

Mesma resposta, "Kiev", antes de completar: "Nós moramos na Itália, mas toda a nossa família é daqui, meu filho já está na linha de frente...", conta o senhor de cabelos brancos, com os olhos cheios de lágrimas. Igor, de 61 anos, faz uma pausa, abraça a esposa e continua a entrevista, com a voz embargada: "Nesses tempos difíceis, eu não posso abandonar os meus parentes. Eu vou me inscrever na Defesa Territorial para ajudar o meu país", completou.

Igor e a esposa moram há 23 anos em Nápoles, no sul da Itália. Ele e o irmão têm uma empresa de construção civil. "Eu estou muito cansado, levamos três dias no trajeto até aqui. Eu deixei tudo lá para vir lutar. Eu odeio os russos. Eu não posso deixá-los matar nossos filhos, nos bombardear... Supostamente, eles não bombardeiam os civis. Mas você viu o que está acontecendo? Irpin [cidade na periferia de Kiev] está completamente destruída. Assim como Kharkiv", afirma Igor, revoltado. Na Itália, ele assistia à televisão ucraniana, mas também a alguns canais russos. "Eles diziam que os ucranianos são todos nazistas e fascistas. Eu não sou nem um nem outro. Sou apenas ucraniano e não vou deixá-los entrar aqui assim, não", completa.

Ao voltarmos para o hotel, as sirenes continuavam a tocar de hora em hora. Alarmes seguidos de várias explosões ao longe, na periferia da cidade. Eram as batalhas por Irpin e Bucha, principalmente.

Quanto a nós, já tínhamos quatro noites maldormidas, estávamos exaustos. Hotel lotado de jornalistas estrangeiros, só conseguimos dois quartos, nos dois primeiros dias. Um para o nosso fixer e dividimos outro, eu e Jérémie. E justamente no momento em que cada um se deita em sua cama, mais um alarme impiedoso vem lembrar que não há hora para repouso em um país em guerra. A capital estava novamente na mira de um potencial ataque. O que fazer? Descer mais uma noite para o *bunker* ou descansar para continuar o trabalho no dia seguinte? A dúvida durou poucos segundos. O cansaço nos venceu por nocaute. Dormimos a noite toda, apesar de outras sirenes durante a madrugada.

METRÔ DE KIEV: ABRIGO CONTRA O OCIDENTE

A cada dia, os checkpoints dentro da cidade eram reforçados. Blocos de cimento, cruzes de metal e muitos sacos de areia, enchidos por voluntários da Defesa Territorial, eram colocados nas barragens e também em frente às janelas de prédios públicos. Civis armados com fuzis de caça. Tendo em vista a ofensiva a leste e na periferia da capital, um confronto direto para impedir a entrada dos russos em Kiev parecia inevitável.

Nesse contexto, as condições de vida na cidade são a cada minuto mais difíceis, com a população cada dia mais extenuada. Sem abrigo nos prédios, dezenas de milhares de pessoas buscam a segurança do subsolo da rede de metrô para sobreviver.

O sistema de trem subterrâneo de Kiev foi construído no início dos anos 1960, quando as lembranças da Segunda Guerra Mundial e dos bombardeios ainda estavam vivas na memória. As estações foram deliberadamente escavadas de forma bastante profunda, para servirem de abrigo antiaéreo. Ironia da história, a rede de metrô foi obra dos soviéticos, para proteger os ucranianos de ataques ocidentais. Em 2022, o agressor é o próprio Kremlin.

Hoje o transporte público mais usado na capital ucraniana conta com 52 estações e 67 quilômetros de túneis. Apesar de funcionar de forma parcial durante os primeiros dias da guerra, todas as estações permaneciam abertas, com trens parados na plataforma, para aqueles que não têm abrigo perto de casa.

Cada estação pode receber em média até mil pessoas, além de resistir ao ataque de foguetes, morteiros ou mísseis usados pelo exército russo. Teoricamente, até cem mil pessoas poderiam se refugiar longe do perigo inimigo.

DUAS GUERRAS PELA VIDA

Quando o ataque vem do céu, ninguém está protegido. Nem mesmo as crianças. Nem mesmo os hospitais. Desde os primeiros dias de bombardeios na capital ucraniana, mais de oitocentas crianças foram evacuadas do maior hospital infantil de Kiev, o Okhmadet, especializado em oncologia.

Outros duzentos pequenos pacientes, no entanto, não tinham condições de saúde para ser transferidos. A solução: levá-los para o porão do prédio, local que normalmente servia de depósito.

Fotos de crianças doentes sendo tratadas de forma precária num hospital de referência começaram a circular nas redes sociais. Crianças que já lutavam pela vida antes da guerra agora travavam um duplo combate.

Pedimos ao nosso fixer Igor que ligasse para o hospital, a fim de saber se podíamos filmar a realidade daquelas famílias. Não tivemos resposta. Decidimos então ir até lá, que ficava a menos de dez minutos de carro da Praça Maidan.

Bastou deixarmos o hotel, e uma primeira sirene toca. Aceleramos. As ruas vazias da capital facilitavam o deslocamento. Logo na entrada, dois homens armados faziam a segurança do prédio. Enquanto nos apresentávamos na portaria, outra sirene soa. Por sorte, bem em frente à entrada do hospital havia uma estação de metrô. Foi lá que fomos esperar a resposta da direção. Quinze minutos depois, um dos homens armados desce as escadas do metrô para nos chamar. Uma responsável do hospital iria nos receber.

Em poucos dias, os porões do estabelecimento se transformaram em abrigo antiaéreo. A doutora Alina é neurocirurgiã e caminha pelos corredores do hospital 24 horas por dia desde o início da guerra. Seu dever, nos diz ela, é ficar com as crianças. Faz nove dias que não vê a própria família. Ela está à beira da exaustão.

"Aqui tudo é perigoso. A falta de eletricidade, mas, sobretudo, os bombardeios, que são ameaças reais", lamenta a médica, com o semblante visivelmente cansado. "Recebemos muita ajuda, mas psicologicamente é muito difícil, as crianças estão com medo e nós também", desabafa.

Ela nos leva pelos corredores com macas improvisadas. "Aqui está um paciente difícil", explica a cirurgiã, apontando para uma criança acamada de apenas 2 anos. "Outro ali, com a mãe dele, e mais outro ali, com uma sonda." Segundo ela, "não podemos operá-los nessas condições, sem equipamentos estéreis". Essas crianças gravemente doentes não veem a luz do dia há mais de uma semana.

Um pouco mais adiante, garotos mais velhos esperam como podem nos corredores sem janelas do subsolo do hospital. Nastia, 12 anos, passa o tempo com seus bichinhos de pelúcia e seu caderno de desenho. Ela pinta um vestido verde: "É para minha mãe, que está ali sentada", aponta ela com um sorriso no rosto. Nastia veio do leste do país para fazer exames médicos com a mãe quando a guerra estourou. Agora elas vivem sentadas numa maca, em um corredor. "Estou assustada com as explosões. Meu irmão e minha avó estão longe."

No *hall* de entrada do hospital, a solidariedade se organiza. Durante todo o dia, muitos habitantes deixam caixas cheias de brinquedos, fraldas e produtos médicos, como compressas, máscaras, desinfetantes. Produtos que já começavam a faltar para os cerca de duzentos pacientes que permaneciam lutando.

INTENSOS COMBATES NA PERIFERIA DA CAPITAL

Tensão máxima em Kiev. No décimo dia de guerra, as tropas russas controlam uma parte da cidade de Irpin, a apenas 20 quilômetros da Praça Maidan. A invasão da capital parece inelutável. Uma questão se coloca para nós em caso de cerco total: em qual momento sair de

Kiev? Estaríamos dispostos a ficar e cobrir a entrada dos tanques russos no centro da cidade? Se a guerra virasse combate de rua, bairro por bairro, como faríamos para trabalhar e, sobretudo, deixar a capital depois?

Todas as noites, o Ministério de Relações Exteriores da França nos mandava uma mensagem de texto recomendando fortemente a evacuação de todos os cidadãos franceses de Kiev. Inclusive os jornalistas. A pressão e a angústia de tomar a decisão no momento certo só aumentava.

Kiev – Praça Maidan, símbolo da capital, completamente vazia.

Em comum acordo entre nós três – eu, Jérémie e Igor – e com a redação em Paris, decidimos que não estaríamos dispostos a ficar em Kiev caso a cidade fosse sitiada. Seria arriscado demais. A ideia, então, era sair pela estrada do sul, a mesma por onde chegamos, e ir para Bila Tserkva, a 100 quilômetros de distância. A rota do sul, que já era a única rodovia de abastecimento de alimentos e combustível, seria também a última rota de fuga.

Ficaríamos próximos, porém fora do cerco de Kiev. Naquele instante, a capital ucraniana se encontrava isolada do resto do país em três flancos: ao norte e a oeste, onde os combates e os bombardeios eram intensos, e a leste, onde as estradas estavam bloqueadas por minas e tanques russos.

Ir para o sul não significava, entretanto, estar longe dos perigos dos ataques aéreos. Um míssil disparado no dia anterior contra um bairro residencial de Bila Tserkva era a prova disso. Imagens de várias casas destruídas, longe de qualquer base militar, valiam matéria.

Colocamos todas as malas no carro, com o objetivo de filmar as consequências do ataque numa zona 100% civil e dormir por lá. Era a ocasião de encontrar um hotel seguro caso precisássemos deixar Kiev com urgência nos próximos dias.

CHECKPOINT COM VISTO RUSSO

Na saída da cidade, contudo, um imenso checkpoint controlava todos os carros. Apenas mais um, pensei, sem estresse. Até então, sempre que pediam os nossos passaportes, mostrávamos nossas carteiras de jornalista da França. Era o suficiente. Por duas razões: não só não tínhamos nenhum carimbo de entrada das autoridades ucranianas, como tínhamos vistos e carimbos russos. Recentes, do início da guerra. Para completar, eu ainda tinha um visto da Bielorrússia de 2016. Era melhor evitar.

Assim fizemos. *"Passport, please"*, disse o militar que nos abordou. Militar profissional, com uma metralhadora nas mãos, dedo fora do gatilho. Entregamos a carteira de imprensa. "Eu disse *passaporte*", gritou o soldado, já levantando a arma em nossa direção. Entregamos. Ele abaixou a metralhadora e começou a folhear os documentos. Foram necessários só alguns segundos para que o nosso temor se tornasse realidade.

"Saiam do carro agora! Com as mãos para cima!", gritou novamente o militar, apontando a arma para a cabeça de Jérémie, que estava do lado do motorista. Outros soldados se aproximaram imediatamente. Agora eu também estava com uma metralhadora apontada em minha direção. "Para quem vocês trabalham? O que estavam fazendo na Rússia na semana passada?", começou o interrogatório ali mesmo.

Ainda com as mãos levantadas, explicamos o nosso percurso, o que tínhamos feito. Perguntamos se poderíamos mostrar as matérias no celular. Ele autorizou. Peguei o telefone e abri o Twitter. Depois ele pediu para ver as fotos que eu tinha feito na Ucrânia. Por precaução, nós já havíamos apagado todas tiradas em Moscou.

Em seguida, mandou abrir cada mala, apontando-as sempre com a metralhadora. E a câmera, em que havia gravações de outras matérias... com algumas imagens de checkpoints. Ele se irrita, diz que não tínhamos o direito de filmar militar algum. Eu explico que sempre registramos com autorização e mostro a entrevista realizada com o responsável local. Nesse caso, ele aceita. E critica o militar do vídeo: "Ele só queria aparecer na câmera!".

Resolvido esse ponto, a inspeção continua nas outras malas e mochilas. Depois de uns dez minutos de revista, ele volta a olhar o passaporte. Procura, procura... e, como nós, também não encontra o tal do carimbo ucraniano de entrada no país. Irrita-se novamente. Ameaça nos prender, pois não temos os documentos legais. Bom, pelo menos nessa hora, já não tínhamos arma alguma apontada para a cabeça. Tudo tranquilo.

Pegamos o celular, mostramos no mapa por qual posto de fronteira havíamos passado. Dia e hora exatos. Explicamos que de fato não sabíamos por que não tínhamos o carimbo. Ele diz que vai se informar se tudo aquilo é verdade. Até lá, deveríamos esperar dentro do carro. "Coloquem o veículo no acostamento e desliguem o motor. Pode levar algum tempo", afirmou, antes de voltar para o checkpoint, sem dar margem para negociação.

Retornamos para o carro. Avisamos a redação. Estávamos calmos. No pior dos cenários, seríamos presos por algum tempo. Nessas horas, é preciso sempre relativizar: não corríamos risco de vida, não se tratava de uma milícia e muito menos de terroristas. Estávamos lidando com militares de um exército reconhecido. Para eles, a maior preocupação era confirmar que não éramos espiões, sabotadores russos. Cedo ou tarde, teriam a resposta.

A nós, só cabia torcer para que as informações chegassem rapidamente. No final, foram duas longas horas de espera no carro. Mas tudo certo. Devolveram os passaportes e seguimos viagem para a nossa pauta na cidade de Bila Tserkva.

Bairro residencial da cidade de Bila Tserkva, ao sul de Kiev, atingido por um míssil.

"TUDO DESABOU, NEM CONSEGUIMOS GRITAR"

No fim da tarde, a temperatura era de zero grau. Passaria a ser negativa durante a noite. Ao chegarmos ao bairro atingido pela bomba russa, avistamos vários moradores numa espécie de mutirão, consertando janelas e colocando lona plástica por cima das telhas quebradas.

No portão de uma casa simples, de dois quartos, a dona de casa aposentada Natália nos conta que estava na cozinha com o marido, às 9h30, no dia anterior. "De repente, vimos o teto cair, as janelas quebrarem e ouvimos uma forte explosão. Tudo desabou, nem conseguimos gritar. Não entendíamos o que estava acontecendo", explica ela, ainda nervosa e chorando. E completa: "Graças a Deus, os voluntários trouxeram as lonas para nós logo após a explosão. Colocaram nas janelas e no telhado. Senão, seria impossível continuar aqui".

Na casa vizinha, seis homens continuam trabalhando no telhado. "Mais três horas e terminamos aqui também. É temporário, mas é fundamental", explica um voluntário, enquanto prende uma lona por cima das telhas quebradas.

A 50 metros dali, entretanto, não existe solução provisória. O míssil caiu no meio de uma rua, criando uma cratera de quase cinco metros. As casas dos dois lados da via foram destruídas. Os estragos são colossais. Os muros laterais cederam. Da rua, vê-se um quarto de criança, uma sala de televisão, nada mais banal que signifique uma vida em paz.

Os moradores do bairro param em frente aos destroços por alguns instantes. Sem palavras. Vladyslav e Anatoliy são amigos de colégio, têm 17 anos e moram a 500 metros dali. Apoiados em suas bicicletas, os dois adolescentes miram por longos minutos aquele cenário de desolação.

"O meu sentimento é de medo, porque isso pode acontecer em qualquer lugar", diz Vladyslav. "Não estou com raiva, mas sinto desprezo pelos russos pelo que estão fazendo. Nós, civis, estamos sofrendo por nada", completa Anatoliy.

De fato, o bairro onde moram os dois jovens é estritamente residencial. Não há base militar nem infraestrutura estratégica alguma para o país. Por um milagre, não houve vítimas fatais, mas cinco pessoas ficaram feridas.

Na cidade, todos se fazem a mesma pergunta, mas ninguém tem a resposta. Impossível saber se o envio de um míssil a um bairro irrelevante da periferia de Kiev é resultado de um simples erro militar ou, ao contrário, se é fruto de uma vontade deliberada de aterrorizar a população.

CESSAR-FOGO?

Logo cedo, na segunda-feira, dia 7 de março, o Kremlin anunciava de forma unilateral, em um comunicado escrito, um cessar-fogo local e a criação de corredores humanitários nas regiões de Kiev, Sumy, Kharkiv e Mariupol, a partir das nove horas da manhã. A população desarmada poderia, enfim, deixar as cidades bombardeadas.

Um detalhe, porém, deixava claro o absurdo da operação. Todas as evacuações de civis ucranianos deveriam ser feitas em direção a apenas dois destinos: à Rússia e à Bielorrússia. "Inadmissível", responderam rapidamente as autoridades ucranianas. "Isso não é uma opção aceitável. A nossa população não pode ser obrigada a se render ao próprio invasor", declarou Iryna Verechtchuk, vice-primeira-ministra da Ucrânia.

Na batalha diplomática, o Kremlin informou que essa medida havia sido tomada depois de uma longa conversa por telefone entre Vladimir Putin e o presidente francês Emmanuel Macron. Segundo o comunicado de imprensa russo, os corredores humanitários teriam sido um pedido de Macron.

Em Paris, o Palácio do Eliseu nega que tenha solicitado tais evacuações em direção à própria Rússia. "É um discurso hipócrita que consiste em dizer: vamos proteger as pessoas para trazê-las para a Rússia", denunciou Macron logo em seguida, em entrevista à televisão francesa TF1. "É de um cinismo moral e político que me é insuportável", concluiu o presidente francês.

DOS 3,5 MILHÕES DE HABITANTES, MENOS DE 2 MILHÕES AINDA PERMANECEM EM KIEV

A notícia de um possível cessar-fogo, mesmo que logo desmentida, fazia com que o interesse por Kiev e os combates nas cidades de Irpin e Bucha, na periferia oeste da capital, fossem novamente o centro de interesse. Voltamos para a capital. Dessa vez, sem incidentes para atravessar o grande checkpoint na entrada da cidade.

Naquela tarde, o prefeito de Kiev, Vitali Klitschko, deu uma entrevista ao vivo para a BFMTV, onde trabalho, via Skype. Foram os apresentadores em Paris que realizaram a entrevista, com tradução simultânea. Sentado em frente à bandeira ucraniana, ele diz temer um ataque russo a qualquer momento, pois confrontos significativos estão ocorrendo nos arredores da capital. "O pior ainda está por vir", alerta o prefeito.

Aos 51 anos, o ex-pugilista e campeão mundial dos pesos pesados, eleito em 2014 para presidir a Câmara Municipal de Kiev, fez uma atualização sobre a situação material à medida que a batalha se aproximava: "Ainda temos eletricidade, água, aquecimento. Mesmo que as sirenes soem vinte vezes por dia", disse Klitschko, ressaltando que muitos dos seus concidadãos se viram obrigados a se refugiar em *bunkers* ou no metrô. Outros fugiram.

"Tínhamos 3,5 milhões de habitantes na cidade antes da guerra, hoje estimamos a população em pouco menos de 2 milhões. A maioria das mulheres e crianças foi embora", afirmou o prefeito. Ele fez questão, ainda, de enaltecer a resistência dos civis contra a invasão inimiga.

"Conheci médicos, atores, músicos que se alistaram, vestiram o uniforme militar. Eles não querem sair, mas defender sua cidade", relatou o prefeito. Segundo ele, os russos ficaram surpresos com tanta mobilização civil. "Uma cidade não é apenas imóveis. Defendemos nossas famílias, nossos lares. Eu estou otimista, porque a população de Kiev não quer se tornar escrava. Nós lutamos por nossa liberdade."

Naquele momento, as tropas russas avançavam e o cerco a Kiev progredia. "Estamos numa corrida infernal contra o relógio, cada hora conta", concluiu Vitali Klitschko.

Após doze dias de guerra, dois milhões de pessoas tinham fugido do país, segundo a ONU. Já era a maior crise de refugiados na Europa desde a Segunda Guerra Mundial.

CIDADE FANTASMA

No dia seguinte, seria sob uma tempestade de neve que faríamos o nosso último "ao vivo" em Kiev, naquela missão. Na Praça Maidan, mostrávamos como o simbólico checkpoint do centro da cidade estava cada dia mais reforçado. Uma segunda chicana de blocos de cimento havia sido instalada. Sobre os blocos, civis continuavam a encher e empilhar sacos de areia.

Eram 10h, pouquíssimos carros circulavam em frente à praça. Falar em cidade fantasma não seria apenas um clichê. Encontrar pessoas nas ruas, só em frente às farmácias e nas filas dos poucos postos de gasolina ainda abertos. Sim, o desabastecimento de combustível começava a preocupar seriamente os habitantes. Fugir de carro já não era mais uma opção segura.

Enquanto isso, barulho de explosões soava regularmente. A ofensiva russa continuava a avançar pelas ruas de Irpin, última cidade antes da capital. Um ataque final nos próximos dias ou semanas era temido.

Quanto a nós, depois de quinze dias de cobertura intensa entre Moscou, Varsóvia e Kiev, era hora de pegar a estrada de volta para casa. Ainda teríamos mais três dias nas rodovias ucranianas antes de cruzar a fronteira com a Polônia. Uma noite em Vinnytsia, no centro do país, e outra em Lviv, a oeste.

Outras equipes da TV chegaram para continuar a cobertura. Iriam nos render pelas próximas duas semanas. Ao contrário da maioria das viagens em que voltamos quando o pior já havia passado, ali era diferente. Deixaríamos o país antes do final daquela ofensiva, sem saber se ainda iríamos rever Kiev sob controle ucraniano. Confesso que tinha um sentimento contraditório, um misto de alívio e angústia. Contente por poder descansar. Aflito por aqueles que resistiam à invasão inimiga.

Atravessamos a fronteira polonesa da União Europeia, com a certeza de que voltaríamos em breve para cobrir os capítulos seguintes daquele conflito absurdo.

DESCANSO E RETORNO

Durante as duas semanas que passamos em casa, a linha de frente não avançou na região de Kiev. Os russos permaneciam ocupando Bucha e outras cidades da periferia e enfrentando a resistência do exército ucraniano em Irpin, num combate intenso rua por rua, imóvel por imóvel.

Nesse contexto, embarcamos de Paris para Cracóvia, na Polônia, onde alugamos um carro com placa ucraniana. Um problema a menos no caminho. Dormimos na pequena cidade de Hebrenne, a vinte minutos do país vizinho. Às seis da manhã, na abertura da fronteira, éramos o segundo carro na fila. Objetivo: dormir em Kiev.

Dessa vez, o nosso fixer Igor preferiu ficar com a família em Lviv. Nós nos encontraríamos em Kiev com Maksim Zaitsev, jornalista ucraniano que trabalhava num jornal impresso de esportes na capital. Até então, cobria futebol e esportes amadores no país. Com o início da guerra e todas as atividades suspensas, Maks, fluente em inglês, tornou-se um dos principais fixers para o nosso canal durante todo o ano.

Chegamos a Kiev num clima de tensão contínuo, com sirenes antiaéreas e bombardeios cotidianos. Não apenas na periferia, mas também em bairros dentro de Kiev. Só o centro histórico da capital ainda estava preservado. Isso feito apesar do anúncio russo de que iria "concentrar seus esforços na libertação", no leste da Ucrânia, trinta dias depois de lançar uma invasão em larga escala no país. Era a primeira grande derrota de Moscou, mesmo que, claro, o Kremlin falasse em "reconcentrar" forças em Donbass.

CAPÍTULO 6

Bucha, Stoyanka, Makariv, Peremoha... Os horrores da ocupação russa

Mais difícil do que lidar com os mortos é registrar os vivos. Os sobreviventes. Muitos amigos e colegas me perguntam sobre a dificuldade de filmar cadáveres. Como olhar pela lente da câmera o que será necessariamente borrado antes de ir para o ar? Como documentar e relatar a barbárie sem chocar o telespectador e, sobretudo, sem faltar com respeito às vítimas?

Eram corpos empilhados em valas comuns, enterrados às pressas nos jardins das casas ou, ainda, jogados na rua. Terrível.

Mais difícil do que deparar com os mortos é ver o sofrimento daqueles que escaparam. A dor viva. Sem palavras. Às vezes só silêncio, outra vezes, choro, gritos. Não há regra para a dor. Nem manual de jornalismo para cobri-la.

O MASSACRE DE BUCHA

– O número quatro – grita Vova, 36 anos, atrás do cordão de isolamento, a uns cinco metros dos corpos.

– Este aqui? – questiona o perito, apontando para o saco mortuário entreaberto.

– Sim, ele mesmo. É o meu irmão. Pode fechar o saco, por favor – suplica Vova, segundos antes de colocar as duas mãos no rosto, aos prantos. Ele acabara de reconhecer o corpo do irmão mais novo, Nitro, de 32 anos, desaparecido havia quase duas semanas.

Filmo a cena bem ao lado de Vova. Estamos nos jardins da igreja ortodoxa de Santo André, em Bucha, na periferia de Kiev. Dia 8 de abril de 2022. Naquela manhã fria de céu cinzento, os peritos, liderados pelo promotor do Distrito de Bucha, retiram os corpos de uma vala comum, cavada na parte de trás do terreno da igreja. Mais de oitenta corpos de civis estão ali. Amontoados dentro da terra.

Nos jardins da igreja central de Bucha, peritos retiram dezenas de corpos de uma vala comum.

Foram os próprios vizinhos e habitantes da cidade que os colocaram ali, numa solução temporária, durante a ocupação russa. O necrotério estava lotado de cadáveres, nos explica o padre responsável, Andriy Pervozvannyi. "Sem eletricidade, não podíamos mais mantê-los na câmara fria, então tínhamos que enterrá-los. Mas o cemitério fica fora da cidade, impossível ir até lá, por causa dos bombardeios. Era preciso encontrar um lugar provisório, por isso foi escolhido o parque da nossa igreja", conta.

Atrás do cordão de isolamento, dezenas de habitantes de Bucha acompanham o trabalho dos técnicos, num silêncio fúnebre. Os oficiais removem um por um. Fazem uma primeira análise ali mesmo, à vista de todos. Colocam num saco preto e enfileiram no chão, à espera do reconhecimento.

> Após uma primeira análise, os corpos das vítimas são colocados num saco mortuário, ao lado de um número para identificação.

Vova, o irmão mais velho, se afasta dos outros habitantes presentes ali. Abraçado à esposa, ele chora por longos minutos. Inconsolável. Filmamos de longe. Depois de algum tempo, fazemos sinal para a esposa e pedimos permissão para nos aproximar. Ela concede.

O marido quer testemunhar sobre o irmão mais novo, um pai de família. Ele nos mostra uma foto no celular. "Como vou contar para minha mãe? Como ela vai aguentar? E a filha dele de 7 anos? É apenas uma criança…", questiona, chorando. Não tínhamos respostas.

"Eu procurava o meu irmão desaparecido desde o dia 26 de março. Eles o mataram por nada. Ele não andava armado. Estava na rua, apenas ajudando um vizinho. Por quê? Por que o mataram?", repete Vova, amparado pela esposa.

Enquanto isso, a equipe do promotor distrital continua a retirada dos corpos, homens e mulheres, à procura de algum traço ou objeto que ajude na identificação e a entender o que aconteceu com eles. "Os primeiros corpos têm vestígios de ferimentos a bala. Em outros, encontramos estilhaços. Eles foram mortos na rua, ou quando tentaram fugir de carro", afirma Ruslan Kravchenko, promotor de Bucha.

CRIMES DE GUERRA

Antes da invasão russa, Bucha era um subúrbio tranquilo, com 37 mil habitantes, cercado por florestas de pinheiros. A pequena cidade tinha sua área nobre, onde havia casarões, hotéis, comércio e restaurantes. Em outros bairros, casas habitadas principalmente por aposentados, alguns conjuntos de edifícios da era soviética e grandes imóveis recentes, projetados para atrair famílias da capital em busca de ar fresco e parques.

Tudo mudou na tarde de 27 de fevereiro, quando as tropas russas penetraram na cidade. Grigoriy e Hanna, um casal de aposentados, moram há anos na Rua Yablunska, uma longa via no sul da cidade que ficaria mundialmente conhecida pelos inúmeros corpos abandonados no chão após o recuo dos russos. Eram civis, alguns com as mãos amarradas nas costas, executados com um tiro na cabeça.

Tocamos no portão do casal cinco dias após aquelas cenas macabras. Na frente da casa, à direita, um tanque russo carbonizado. À esquerda, um caminhão destruído. Ao redor, a maioria dos vizinhos estava sem teto. Muitas residências eram apenas ruínas, devastadas e incendiadas pelas explosões.

Bucha – tanques russos carbonizados em meio ao caos de uma cidade destruída. A Rua Yablunska tornou-se símbolo dos intensos combates e da crueldade sem limite.

Hanna nos abre o portão com um sorriso leve e nos convida a caminhar nos quinze metros de jardim que separam a casa da rua. "É um milagre", disse ela, "ainda estarmos vivos e a nossa casa de pé". De fato, as janelas quebradas e uma parte do telhado danificada pareciam detalhes comparados à devastação do bairro.

Grigoriy se aproxima e relata como foi o primeiro contato com os russos. "Era por volta das 17h quando quatro soldados entraram aqui em casa. Eu e minha mulher estávamos sós, deitados na cama, embaixo do edredom por causa do frio, pois já não havia mais aquecedor. Aí um dos soldados apontou a arma para mim. Perguntou se havia mais alguém na casa. Eu respondi que não, que não tínhamos para onde ir. Eles revistaram tudo e saíram".

No dia seguinte, porém, outros militares voltariam. "Primeiro a gente ouviu um tiroteio. Dois soldados estavam postados no nosso jardim, atirando em direção à rua. Depois um tanque invadiu o nosso terreno. Eu vi quando ele passou por aqui e deu a volta na casa pelo jardim", conta Grigoriy, dizendo que não pôde acreditar nos próprios olhos.

O casal permaneceu em Bucha durante toda a ocupação russa, mas não saía de casa. "Quando ouvíamos as explosões cada vez mais perto, descíamos para o porão. Muitos dos meus vizinhos foram expulsos de casa. Os soldados simplesmente os mandavam sair e tomavam posse. Às vezes, eles dormiam nos quartos das casas com o tanque parado ao lado."

Grigoriy se afasta e vai buscar um chapéu militar russo. "Há vários outros lá atrás. Eles fugiram tão rápido que nem levaram", ironiza. Chapéus, pedaços de tanque e outros acessórios inimigos que agora viraram troféus nas mãos dos moradores de Bucha.

Grigoriy nos conta ainda que ele tinha dado uma entrevista para a televisão ucraniana dois dias antes: "Ontem minha nora me ligou dizendo que um canal de televisão russo mostrou a entrevista falando que eu era um figurante pago pelo governo ucraniano! Eu, figurante?!", exclama o senhor, com um leve sorriso.

De fato, o Kremlin acusava o governo de Kiev de "encenar" as mortes de civis, após a indignação internacional com a descoberta de dezenas de cadáveres nas ruas de Bucha.

O mais absurdo dessa campanha de desinformação das mídias russas é que o número de corpos vistos nas ruas teria sido muito maior se os próprios ucranianos não tivessem se arriscado para dar um mínimo de dignidade aos mortos. Um enterro, nem que fosse provisório.

MÃE E FILHO

Foi o caso de Mariya, uma mãe que perdeu o filho. Nós a encontramos no térreo do prédio onde morava, conversando com vizinhos. Edifício da época soviética, dezenas de apartamentos com um ou dois quartos cada um. Mariya morava com o filho Vlad, de 31 anos.

Acompanhamos essa mulher pelas escadas até seu apartamento, no terceiro andar. Ela pede que esperemos no *hall* de entrada, "está tudo muito bagunçado aqui, não quero que vocês tenham má impressão", disse ela, timidamente. Na porta, porém, um papel A4 branco com uma mensagem escrita à mão e em russo nos chama atenção: "Aqui, pessoas pacíficas". Era a primeira vez que víamos tal mensagem. Não seria a última. Era um código entre os soldados do Kremlin de que poderiam passar e se servir do apartamento – roubar comida e qualquer outro objeto que desejassem.

Cinco minutos de espera e Mariya volta com a foto do filho em trajes militares e um chapéu com as cores da Ucrânia. "Foi no dia que ele completou o serviço militar", explica ela.

Com os olhos lacrimejantes, Mariya mostra o retrato do filho Vlad, sequestrado e morto durante a ocupação russa. Ele tinha 31 anos.

Ali mesmo, ela começa a nos contar o que aconteceu. "Um dia, ele desceu para jogar o lixo lá embaixo, no térreo, e nunca mais voltou. Havia rumores de que os russos prendiam os jovens durante sete ou oito dias e depois os liberavam. Eu tinha esperança de que acontecesse isso."

Com o filho desaparecido, Mariya ia diariamente buscar água num poço na rua ao lado do prédio onde morava. Era um pretexto para sair e procurar por Vlad. "Todos os dias eu perguntava aos soldados se eles tinham visto meu filho. Eles não respondiam. Mas toda vez eu desejava que fossem outros militares, talvez mais humanos, e que eles iriam acabar me dizendo onde estava meu filho", conta, emocionada. "Eles eram todos muito jovens, tinham uns vinte anos, apenas."

Descemos as escadas do prédio e percorremos com ela o trajeto que fazia em busca do filho. Passamos em frente a um parquinho de crianças da cidade. "Aqui, ao lado dos brinquedos, sempre havia tanques estacionados. Os soldados me mandavam parar e me revistavam. Era nesse momento que eu tentava um diálogo. Impossível. Alguns até faziam graça, dizendo: 'A senhora deveria agradecer a Deus por sermos nós, os russos, e não os tchetchenos aqui'".

Hanna e Grigoriy nos contam os dias de pavor que viveram na presença dos soldados russos. Segundo eles, só um milagre para explicar como eles sobreviveram.

No sétimo dia após o desaparecimento de Vlad, Mariya decidiu ir buscar lenha um pouco além do poço de água. Ela nos leva até lá, a apenas sete minutos a pé do prédio dela. "Foi completamente por acaso que eu passei em frente a essa casa, que estava vazia, com as janelas e portas quebradas", nos mostra ela, parada em frente à residência que continuava abandonada. "Não sei por que eu resolvi entrar no quintal", continua, fazendo-nos sinal para segui-la. "E logo ali, na parte lateral do jardim, eu vi um primeiro corpo. Era uma mulher, Anna, uma amiga do meu filho. Tomei um susto, mas continuei. Na parte de trás da casa, também deitado no chão, outro corpo: Yuri, namorado de Anna. Fiquei apavorada, mas não via o meu filho."

Nesse momento, Mariya aponta para um depósito situado no final do terreno, uns dez metros mais atrás da casa principal. "Resolvi olhar lá dentro. E ele estava ali, no chão, com o rosto completamente desfigurado. Eles tinham atirado no olho dele. No olho!", repete ela, com raiva e dor. De mãe. "Mas eu o reconheci na hora. Primeiro, pelo casaco que ele estava usando... E era meu filho, como eu não o reconheceria?".

Ao lado do depósito, no jardim por detrás da casa, duas covas rasas, com uma cruz de madeira, ainda estão lá: Anna e Yuri. "Fui eu mesma que os enterrei aqui e coloquei essas cruzes. Não podia deixá-los abandonados", diz Mariya, que contou com a ajuda de um vizinho. "Já o meu Vlad está enterrado no quintal da casa da avó dele."

No caminho de volta ao prédio, Mariya nos mostra ainda outra residência. Mais uma história trágica. Na casa, foi a vizinha que enterrou os inquilinos no jardim. Um casal. Eles também foram assassinados.

"UCRÂNIA, AQUI ESTÁ A OTAN"

A frase foi escrita na porta de vidro de uma residência em Bucha. Quem nos conta é Wadim, 51 anos, morador de Bucha: "Era o chefe militar dos russos que ficava nessa casa. Eles mataram o proprietário e se instalaram aqui".

Wadim passou um mês vivendo escondido. "Eles nos proibiam de sair de casa. Eu e outros vizinhos fizemos um buraco na cerca ou no muro que separava nossas casas para podermos ir de uma casa para outra sem passar pela rua", conta. "Uma vez, um soldado ouviu um barulho e me viu saindo do meu terreno. Eu estava levando uma garrafa de água. Ele mandou que eu me escondesse e disse que aquele era o meu dia de sorte, pois, se fosse o chefe dele, eu já estaria morto."

Quanto ao comportamento dos militares russos, Wadim descreve o clima de terror durante as semanas de ocupação. "Os soldados russos atiravam em qualquer pessoa que saísse às ruas sem autorização. Mesmo ficar perto das janelas era proibido. Se eles passassem nas ruas e percebessem alguém observando da janela, atiravam sem hesitar", afirma. "Até o combustível dos carros que estavam nas garagens das casas eles roubaram."

Segundo o procurador-geral da Ucrânia, cerca de setecentos civis foram assassinados na cidade. "Bucha tem as sequelas de todos os crimes de guerra: tortura, abuso sexual, infraestrutura e casas de civis bombardeadas", denuncia a então procuradora-geral da Ucrânia, Iryna Venediktova. "É uma cidade sem estruturas militares, e tudo foi destruído. Podemos testemunhar um grande número de crimes de guerra na região de Kiev e podemos qualificá-los como crimes contra a humanidade", acrescenta.

Kiev – entrada ao vivo para a BFMTV, relatando os dias de barbárie vividos pela população civil.

Bucha tornou-se um símbolo dos horrores da ocupação. O massacre será lembrado por gerações. "O 31 de março de 2022 ficará na história da nossa cidade como o dia de sua liberação", declarou o prefeito Anatoli Fedorouk.

As atrocidades cometidas em Bucha não eram, infelizmente, as únicas de que nós fomos testemunhas naquela nossa segunda missão de reportagens desde o início da guerra. Outros relatos de assassinatos, torturas e crueldades fariam parte das matérias seguintes.

STOYANKA, A VIDA APÓS OS RUSSOS

A pequena cidade de Stoyanka, localizada a nove quilômetros ao sul de Irpin, é um lugar estratégico, à beira da autoestrada E40, que segue em linha reta até o centro de Kiev. Ali, a apenas 22 quilômetros da Praça Maidan, nós vimos os primeiros tanques russos. Calcinados.

Stoyanka – tanque russo destruído.

Era o primeiro dia sem bombardeios ou troca de tiros na cidade, desde o início da guerra. A autoestrada continuava fechada, com pedaços imensos de metal, ferro, pedras. Destroços dos comércios e do posto de gasolina bombardeados ao lado.

Passamos em frente às casas numa rua perpendicular que cortava a estrada. Todas pareciam vazias. Ou quase. Alguns metros mais à frente, no meio da rua, avistamos um senhor andando sozinho, empurrando um carrinho de compras. Daqueles de supermercado, verde-limão, de plástico duro. A passos lentos, ele buscava espaço entre os escombros em direção ao posto de gasolina. Às ruínas do posto, na verdade.

Valeriy, de 82 anos, é um sobrevivente. Não deixou a cidade, apesar dos bombardeios. "Decidi ficar, porque alguém tem que vigiar as casas, já que meus vizinhos foram embora", explica. "O telhado da minha casa está quebrado, as janelas também, tive que consertar por causa da chuva... Eu nunca pensei que veria isso um dia. Até ontem ainda havia tiroteio aqui. Agora está tudo mais calmo", conta.

Prova da intensidade dos combates, uma dezena de tanques russos está ali – como troféus de guerra –, carbonizados, na estrada e na floresta às margens da cidade. Ainda chocado com a presença inimiga, Valeriy para, aponta para os destroços e continua o relato.

"Foi um horror. Os russos são bárbaros. Eles queriam nos esmagar como insetos. Eu não entendo de que espécie são essas pessoas, de onde eles vêm. Eles se comportam como se viessem de outra época, de mil anos atrás, é como se a máquina do tempo tivesse funcionado", lamenta, indignado.

No centro do vilarejo, tudo havia sido destruído. Naquele cenário apocalíptico, Valeriy leva três galões vazios dentro do carrinho de compras. É que, ainda que o telhado do posto de gasolina tenha caído sobre as bombas de combustível, milagrosamente o tanque no subsolo não foi afetado pelas explosões.

Agora são os voluntários da Defesa Territorial que organizam o abastecimento da população, puxando o combustível diretamente do reservatório. Alguns moradores vêm para completar os tanques do carro. Valeriy quer apenas encher os galões para alimentar seu gerador e aquecer sua casa. "Só pego a quantidade necessária por alguns dias. Temos que fazer assim, não temos outra opção."

Na volta para casa, Valeriy, viúvo, tenta encontrar uma rotina normal, cotidiana. "Ficamos abalados, mas graças a Deus estou vivo e com boa saúde. Hoje eu já fiz meus exercícios, tomei o café da manhã, cozinhei... e depois saí para verificar se estava tudo bem nas casas vizinhas", descreve o senhor, do alto do seu 1,80 m, de cabelo e barba brancos. "Mais tarde, vou cuidar do jardim. É preciso buscar os morangos na estufa. A vida continua...", diz ele, com um leve sorriso de cordialidade.

INFERNO DIÁRIO

Vidas que seguem, traumas que persistem. Há cerca de trinta dias, Valentina, 69 anos, sobrevive mais do que vive. "Nós conhecemos o horror há um mês. Vocês sabem o que é o inferno? Bem, eu posso dizer que eu sei!", afirma a senhora, num misto de raiva e tristeza.

Nós nos encontramos com ela no estacionamento de um grande supermercado abandonado, logo atrás do posto de gasolina. Apesar de a fachada ter sido danificada pelas explosões e tiroteios, o interior estava relativamente preservado. Valentina tinha ido buscar algumas garrafas de água.

Enquanto ela nos mostra as duas sacolas que está levando, um grande barulho de explosão nos assusta e faz tremer a câmera. Ela, no entanto, não se abala: "Não tenham medo, é longe, está tudo bem", diz, tranquilamente. Valentina se acostumou com o som abafado dos bombardeios que são ouvidos a distância.

Para contar o inferno que viveu, ela nos leva ao cemitério da cidade. Cinco minutos andando dali, na entrada da floresta que rodeia a cidade. Antes de entrar, em frente ao portão quebrado, ela faz o sinal da cruz, em respeito e fé.

Os combates não pouparam nem os mortos. "Tem um foguete que passou por ali e atingiu a árvore que caiu em cima do muro", mostra ela. Valentina nos guia até ali para mostrar um túmulo em especial. Faz apenas três dias que ela enterrou a mãe, de 91 anos, ainda sob fogo cruzado. "Tivemos que fazer tudo muito rápido, para não sermos alvo dos foguetes russos." Só hoje, enfim, ela tira um tempo para se recolher e rezar diante da sepultura da mãe. Emocionada, ela ajeita a rosa que estava no chão, faz um carinho na placa com o nome e se vira, escondendo o choro de nós.

"Se não fosse pela guerra, ela ainda estaria viva. Ela morreu de frio... de frio!", nos conta ela, entre revolta e dor. "Fazia cinco graus dentro da nossa casa. Ela não conseguia se levantar da cama. Eu esquentava água para fazer uma espécie de bolsa de água quente. Pegava garrafas de plástico, enchia com água quente e colocava na cama dela, de cada lado, mas não era suficiente. Coloquei todos os cobertores que tínhamos, e, ainda assim, ela ficava com frio", lamenta.

Mãe e filha passaram dias e noites de angústia com os bombardeios. "Houve uma explosão que destruiu meu portão e meu carro na garagem. Além dos estilhaços, que causaram muitos danos nos muros. Felizmente eu não estava no quintal na hora, senão eu não sei o que teria acontecido comigo", conta Valentina. No bairro residencial, pelo menos um terço das casas estava danificada.

Ao voltarmos para o centro do vilarejo, mais barulho de explosões ao longe. Enquanto conversávamos com outros moradores, duas vans param a uns dez metros de nós. Carros civis. Mas são cerca de quinze soldados ucranianos, fortemente armados, que descem das vans para uma última parada de preparação. Capacetes ajustados, metralhadora em punho, capuz para esconder os rostos. Claro que qualquer entrevista diante das câmeras seria impossível. Eles nos dizem, porém, que estão indo para Irpin. Era de lá que ouvíamos os bombardeios.

MAKARIV

Uma cidade devastada, quase deserta. Em Makariv, o silêncio sucedeu ao barulho incessante dos combates. Só os corvos, sem dúvida mais numerosos do que os humanos, emitiam algum som. Após três semanas de ocupação, os russos recuaram cinco quilômetros mais ao norte.

A pequena ponte que dá acesso à cidade já seria uma metáfora de Makariv: duas crateras impediam a passagem na faixa esquerda, os cabos de eletricidade estavam cortados, diversos destroços pelo chão, e apenas um estreito caminho permitia a passagem dos carros.

Mesmo assim, a ponte resistia de pé, com as muretas pintadas nas cores azul e amarelo.

Ao atravessarmos, o cenário era ainda mais avassalador do que havíamos visto na véspera, em Stoyanka. Não só os estabelecimentos comerciais e prédios públicos estavam destruídos. Praticamente todas as casas, mesmo as residências mais simples, estavam com uma parte do muro ou das janelas no chão. Logo na entrada, do lado direito, o telhado de uma igreja ortodoxa está perfurado. À esquerda, um carro civil foi abandonado com a porta aberta, à beira da estrada. Metralhado.

Na praça central da cidade, nenhum prédio tinha sido poupado. Nenhum, literalmente. Os poucos habitantes que encontramos nas ruas logo nos conduzem ao lugar onde a resistência ucraniana tinha sido montada. Um imenso subsolo de um prédio, que serviu de campo de base para os soldados. Alimentos, remédios, armas. Tudo estava estocado ali. Um dormitório com colchões no chão, uma grande cozinha e uma sala de refeições tinham sido criados.

Somos apresentados ao soldado Sergiy. Ele fez parte da unidade que enfrentou os soldados russos. Deixamos o subsolo e seguimos pelas ruas com Sergiy. Primeiro ele nos mostra três caminhões. Incendiados. Mas, embaixo da carroceria, uma das placas continuava intacta: 2603KM/87RUS. "Estão vendo a placa? São caminhões militares russos", explica, orgulhoso, o soldado. Que logo faz uma ressalva: "Cuidado onde pisam, é melhor não se aproximar muito. Nunca se sabe se tem alguma bomba que não explodiu". Ficamos a distância.

Em seguida, Sergiy nos leva até o último prédio da cidade, um edifício residencial de cinco andares. Era ali que ele ficava posicionado, no apartamento mais alto. Sua função: passar as posições russas à artilharia ucraniana. Era um trabalho arriscadíssimo, pois o imóvel era constantemente atacado. Pelo menos duas bombas já tinham destruído uma parte da fachada. Não havia, claro, mais nenhum morador.

Subimos as escadas em meio a destroços nos degraus. Nada comparado ao estado do quinto andar. Portas e janelas quebradas, tijolos no chão e buracos no muro contrastavam com os resquícios de vida que teimavam em continuar ali. Bem ao lado da imensa abertura na parede, uma cama de solteiro e um móvel cheio de fotos de família.

Pai, mãe, filhos. Todos sorrindo. No chão, uma imagem religiosa. Sergiy apanha a imagem e a coloca ao lado do retrato familiar. Um pequeno gesto, antes de nos explicar os últimos combates: "Eu estava aqui em cima para monitorar qualquer movimento suspeito e dar as informações. Os tanques russos começaram a avançar nessa estrada, bem aí na frente", diz ele, apontando pelo buraco no muro. "Eles estavam a 150 metros de nós e começaram a atirar em direção à cidade." Os detalhes das posições passadas por Sergiy foram fundamentais para a resposta da artilharia ucraniana.

Makariv – Sergiy, soldado ucraniano, nos leva ao quinto andar de um imóvel residencial. Era dali que observava a movimentação das tropas russas.

Descemos do prédio para ver de perto os estragos na rodovia onde ocorreu a ofensiva russa. Sergiy continuava nos explicando os detalhes, quando, no meio da entrevista, um carro se aproxima, vindo do norte, rumo ao centro da cidade.

Como um policial de trânsito, o soldado faz sinal para o carro parar. Na mão direita, a metralhadora está armada.

No carro, um casal de idosos. O marido ao volante, a esposa no banco do passageiro.

– Olá, como fazemos para chegar à cidade de Kalinivka [mais ao sul]? – pergunta o homem.

– Quem são vocês? – questiona Sergiy.

– Nós somos daqui, moradores de Makariv. Vivemos ali ao lado, escondidos por muitos dias. Tudo foi bombardeado, e agora estamos tentando ir para a Polônia, onde mora nosso filho.

Antes de o soldado responder, a mulher questiona:

– Há minas nas estradas?

– Aqui, não, mas é melhor perguntar na próxima cidade também.

– Haverá outros soldados ucranianos mais adiante? – a senhora retruca, com ar incrédulo.

– Sim, claro! – diz Sergyi.

– Meu Deus, estamos salvos, nós vamos sobreviver... Muito obrigada! – ela agradece, sem conter as lágrimas de felicidade e alívio. O casal segue, enfim, rumo ao oeste do país.

Dos 15 mil habitantes, menos de mil ainda estavam na cidade, segundo o prefeito. Natalia é uma delas. Nas primeiras horas da invasão, os tanques russos passaram em frente à sua casa. Da janela, escondida atrás da cortina, ela filmou por longos minutos com celular. "Vocês estão vendo os tanques? Eram muitos... eu contei mais de oitenta", afirma. Enfermeira, ela decidiu ficar e se alistar como voluntária.

Em um mês de guerra, ela viu vários camaradas perderem a vida em explosões. Ao lado de Natalia, Oksanna trabalhava para preservar a memória daqueles que morreram. Ela tira da bolsa pelo menos dez passaportes. "Estes são os passaportes dos voluntários. Eles não eram soldados. Eles estavam ajudando as pessoas que ficaram aqui. Oleg, por exemplo, morreu durante os bombardeios de alguns dias atrás. Ele e dois de seus camaradas", lamenta.

Fazia um mês que os moradores sobreviviam sem eletricidade, água e rede telefônica. Segundo o prefeito, mais de 60% dos imóveis da cidade foram seriamente danificados. Inclusive a única escola infantil do município.

Makariv – escola infantil destruída pelos bombardeios.

Makariv fica a 50 quilômetros de Kiev, na grande periferia da capital. Na estrada, entre uma cidade e outra, algumas florestas de pinheiros e muitos terrenos agrícolas. Em comum, algo inédito e impensável para as gerações mais novas era construído por todos os lados. De todas as formas. Algumas com tratores e grandes máquinas. Outras, no braço e na pá: trincheiras. Vários quilômetros de trincheiras foram escavados em poucos dias em volta da capital.

Estávamos do lado oeste de Kiev. No dia seguinte, decidimos ver a realidade na região oposta.

PEREMOHA

Em ucraniano, Peremoha significa "vitória". Em 2022 a cidade foi derrotada, mas marcou também a reconquista ucraniana. Os russos entraram na cidade, e os habitantes viveram o inferno da ocupação por quase um mês: roubos, humilhações, intimidações. Um fracasso moral para os sobreviventes.

"Olhem as casas, está tudo destruído", nos interpela Helena, no portão de sua residência, na rua principal que atravessa o vilarejo. Ela se lembra bem do dia em que os russos pisaram na cidade. Ela nos mostra o seu comércio, um mercadinho colado ao muro da casa. Hoje, todo quebrado e sem produtos. Ela entra e vai para detrás do balcão. "Esta é a minha loja, eu estava aqui quando eles passaram na frente. E do nada eles começaram a atirar. Eu não conseguia nem me mexer. E olhem isso aqui, bem acima da minha cabeça..." Helena aponta para um buraco de bala, um palmo acima do rosto dela.

Nos dias seguintes, as tropas russas se instalaram na cidade. Criaram as próprias trincheiras e fizeram os moradores de escudos. Em casa, Helena mora com o filho e o irmão mais novo. "Eles nos humilharam, entraram várias vezes aqui, me chantagearam." Ela conta que os militares ameaçaram matar os parentes se ela não colaborasse. "Foi terrível, eles mantiveram a gente no porão, com fome e com sede. Já eles abriam a geladeira, comiam o que tivesse. Até a chave do meu carro eles pediram... Dei tudo a eles, para manter meu filho e meu irmão vivos."

"AQUI, PESSOAS PACÍFICAS"

No muro externo da casa, uma inscrição em russo indica que aquilo não era um fato isolado. Era um método de guerra: "Aqui, pessoas pacíficas". A mesma frase que estava colada na porta de Mariya, em Bucha, escrita pelos soldados inimigos, explica Helena.

Do outro lado da rua, seis vizinhos conversam em pé, na calçada. Alguns tinham acabado de voltar para constatar a destruição. Outros eram testemunhas e vítimas dos abusos cometidos pelos soldados de Vladimir Putin. Era o caso de Pavlo, um senhor de mais de 60 anos, que teve a sua residência confiscada. Ele nos leva até lá. Uma casa simples, dois quartos, cozinha e sala. Um grande quintal na parte de trás. "Havia artilharia no jardim", mostra Pavlo, apontando para restos de munições e uma caixa de comida com o brasão do exército russo.

Dentro da casa, tudo estava revirado. Na mesa da cozinha, dois pratos sujos com restos de comida. "Quase todas as casas estão nesse estado", lamenta Pavlo, que ficou refugiado na residência de um outro morador durante o mês de ocupação. Quando perguntamos se ele teme represálias por ter colaborado com os russos, Pavlo simula uma arma com a mão e aponta para a própria cabeça. "Vocês teriam resistido com uma metralhadora na cabeça? Assim, encostada na nuca, por trás!", gesticula. "Porque foi assim: 'Me dê isso, me dê aquilo', o que eu poderia fazer?".

Além do horror psicológico, Pavlo quer nos mostrar o que resta de uma cena que aconteceu diante de seus olhos. Caminhamos cinco minutos até o quintal nos fundos da casa de uma outra moradora. "Vocês estão vendo aqueles carros metralhados na rodovia? Era uma família daqui que estava fugindo. Pai, mãe e duas crianças. Eles atiraram. Mataram todos, o casal e seus filhos. No carro de trás, outras duas mulheres ficaram feridas", relata.

Na saída da cidade rumo a Kiev, uma pequena ponte está destruída. Só é possível atravessá-la a pé, pisando nos destroços que permaneceram acima do nível da água. Mas era preciso andar com cuidado, pois muitas minas terrestres colocadas pelo exército ucraniano continuavam ali. À vista de todos. Foi assim que entramos na cidade, seguindo os moradores nesse vaivém arriscado desde o recuo dos russos.

A ponte, aliás, foi implodida pelos ucranianos como estratégia de defesa, bloqueando os inimigos em Peremoha. A cidade – sacrificada – fez, enfim, jus ao nome de vitória para a capital.

CAPÍTULO 7

Borodyanka, Motyzhin... Crimes de guerra

"O mais cruel é que por algumas horas – ou dias – os mortos sobreviveram." Essa frase eu havia lido em um relato sobre terremotos. Nada mais terrível do que conseguir se salvar da catástrofe natural, mas morrer horas depois, preso sob os escombros. Em 2016, na Itália, eu cobri pela primeira vez um abalo sísmico. De intensidade 6,0 na escala Richter, o terremoto devastou vários vilarejos no centro do país, sobretudo na pequena cidade de Amatrice.

Na madrugada do dia 24 de agosto de 2016, o tremor levou ao chão o centro histórico e praticamente todos os edifícios da cidade. Prédios e casas não eram nada mais do que pó e pedras amontoadas. As imagens de destruição eram impressionantes. No total, 299 pessoas perderam a vida na região central da Itália.

Foram essas as cenas que vieram à minha mente quando entramos em Borodyanka. Era diferente de Bucha. Ou de Stoyanka, Makariv, Peremoha... Não havia tantos tanques russos carbonizados. Entretanto, se levantássemos os olhos para os grandes imóveis residenciais que predominam na cidade, quase nenhum estava inteiro. Tinham desmoronado, como num terremoto. Borodyanka parecia ser o epicentro.

Em um dos prédios de cinco andares que havia implodido no meio, dezenas de bombeiros trabalhavam para retirar os destroços. Quando questionamos por que os esforços estavam concentrados naquele edifício, a porta-voz dos serviços de emergência de Kiev, Svitlana Vodolaga, nos explica o horror: "Estamos escavando aqui porque, quando houve o ataque, as pessoas ligaram para os serviços de socorro pedindo ajuda. Eles disseram que estavam presos no porão deste prédio, sob os escombros".

Borodyanka – um mês após a explosão, bombeiros tentam resgatar possíveis sobreviventes presos no abrigo do imóvel.

A ligação aconteceu na noite de 1º de março. Um míssil implode a parte central do prédio. No abrigo do subsolo, os moradores ligaram para os bombeiros para pedir socorro. Eles disseram que estavam bem, sem ferimentos, apenas impedidos de sair por causa dos destroços que se acumularam em cima da escada. Era preciso ajuda externa. Problema: os bombardeios são constantes, uma operação de resgate é impossível. Em seguida, os russos tomaram a cidade e proibiram qualquer pessoa de se aproximar das áreas atacadas. Só naquele dia em que entramos em Borodyanka, os bombeiros puderam, enfim, começar a escavar. Um mês depois do ataque – já era tarde demais.

Os vizinhos que acompanhavam os trabalhos das equipes de resgate nos dizem que eles tentaram remover os escombros com as mãos mesmo, sem equipamentos. Mas logo depois foram impedidos de chegar ao local. Um senhor nos mostra um grande pedaço de metal que foi colocado a 50 metros do prédio. Nele, uma frase pichada em russo: "Área proibida aos civis, sob pena de morte".

Borodyanka – placa em russo proíbe a população civil de se aproximar dos prédios atingidos. A mensagem é clara: "Sob pena de morte".

A crueldade de estar preso no próprio abrigo que deveria ser sinônimo de salvação não era um caso isolado. Em frente à principal praça da cidade, um prédio grande de nove andares também estava devastado. Ali, 25 pessoas perderam a vida no porão.

Só um milagre para encontrar algum sobrevivente depois de semanas. Naquele mês, as temperaturas variavam em torno de zero grau. À noite, vivia-se abaixo de zero. Apesar da realidade, centenas de socorristas trabalhavam sem parar, sob os olhares atentos da população.

Uma senhora, sentada num banco, nos chama atenção. Sozinha, em silêncio, ela observa, sem dizer uma só palavra. Na frente dela, outro grande imóvel, cinco andares, com a fachada destruída. Da rua, vê-se a cozinha, os quartos, salas. Objetos pessoais que se misturam aos destroços em cada andar. Sinais de vida e de morte.

Maksim, nosso fixer, se aproxima da senhora. Ela se chama Ludmila. Maks se senta ao lado dela. A mulher conversa com ele sem tirar os olhos do prédio: sua irmã e seu sobrinho moravam no terceiro andar. Agora eles estão ali, em algum lugar sob os escombros. "Tenho muito medo de imaginar a morte deles, eu sei que é difícil, mas ainda tenho esperança", diz Ludmila, com a voz pausada e calma. "Não tenho mais coração, mas devo ficar de pé e cuidar da minha mãe", lamenta, segurando as lágrimas que teimam em cair. "Sinto pena dos russos... Eles mataram os seus semelhantes."

Ela nos conta ainda que aviões de caça sobrevoavam os apartamentos todos os dias. A cidade não viveu "apenas" um confronto de tanques nas ruas. Foram sobretudo longas noites de bombardeios constantes. Só impactos de mísseis eram capazes de causar o desmoronamento de tantos prédios.

Borodyanka fica a 50 quilômetros de Kiev, na grande periferia da capital. Nenhuma base militar nem lugares estratégicos estavam na cidade. Era uma área residencial. O pecado: estar no caminho de Kiev.

De acordo com a então procuradora-geral da Ucrânia, Iryna Venedictova, a maioria dos ataques aéreos acontecia por volta das oito horas da noite. "É uma estratégia do exército russo. É a estratégia de guerra deles. Eles já fizeram isso na Tchetchênia, na Geórgia e na

Síria. Eles querem aterrorizar os civis para provocar uma capitulação da Ucrânia. O presidente Vladimir Putin falou em desnazificar o país. Isso significa que toda pessoa que não aceite se submeter às vontades das tropas russas deve ser morta", acusa Iryna Venedictova.

REENCONTROS

Mais ao norte da cidade, um grupo de moradores se reúne em torno de uma fogueira. Eles montaram uma tenda, com cadeiras e sofás, na calçada do prédio. Exceto por algumas janelas quebradas em razão das explosões próximas, o edifício está preservado. Não sofreu nenhum ataque direto. Apesar disso, as condições de vida são dificílimas: faz um mês que eles vivem sem eletricidade, sem água e sem aquecimento.

Quando nos encontramos com Tatiana, sentada ao lado do fogo, a temperatura é de dois graus Celsius. Há, na verdade, duas fogueiras. Uma maior, como uma fogueira de São João, para aquecer a todos, e outra, pequena, com quatro tijolos em volta, onde os moradores colocam uma panela. É um fogão improvisado, embaixo do próprio prédio, no centro da cidade.

Tatiana, uma senhora dos seus quase setenta anos, nos recebe com um sorriso e nos oferece um pouco da sopa que ainda estava na caçarola. "Está quente, faz bem", diz ela. Agradecemos a generosidade, mas deixaríamos a refeição para os vizinhos mais necessitados. Começamos a conversar sobre as últimas semanas. Ela é direta: "Um horror, nunca imaginei que poderia passar por isso".

Tatiana viveu o inferno da ocupação russa no seu apartamento do terceiro andar. Subimos com ela as escadas úmidas do prédio. Logo que entramos, ela nos mostra a principal razão de ter ficado na cidade: cuidar do pai. Deitado na cama, coberto com várias mantas e tecidos, aquele senhor fala com dificuldade e já não consegue mais andar.

Na sala, a mesa está cheia de comida. "Um vizinho me trouxe tudo isso agora há pouco. Pão, leite, biscoitos... coisas que não vejo há 36 dias." Ela nos conta o medo que teve no primeiro contato com as tropas russas. "Eu estava do lado de fora e eles apontaram a arma para mim. Eu falei: 'Se vocês querem me matar, façam isso!'", disse ela, imitando, com os braços, o gesto da arma em sua direção, antes de continuar. "Eu não tenho medo da morte, mas meu pai nem ficaria sabendo o que aconteceu comigo. E não teria mais ninguém para cuidar dele depois. Então, eu disse novamente: 'Se vocês querem me matar, vamos para o meu apartamento, aí vocês matam a mim e a meu pai de uma vez. E acaba tudo'". Uma senhora e um velhinho imóvel numa cama. Os soldados foram embora.

Tatiana nos acompanha até a entrada do prédio. Quando ia se despedir de nós, uma jovem moradora do prédio corre ao seu encontro. Ela havia fugido de Borodyanka no início da guerra. "Eu tentei te ligar todos os dias, mas você não atendia", conta a ex-vizinha Tânia, de 32 anos, num longo abraço com Tatiana. "Eu pensava no pior... Graças a Deus que você está viva!", diz, fazendo carinho com as mãos no rosto de Tatiana. As duas mulheres se abraçam, choram, enxugam as lágrimas de alegria.

A realidade é que o telefone de Tatiana nunca tocou, pois não havia rede na cidade. As antenas de transmissão haviam sido destruídas logo nos primeiros dias da invasão. Era a primeira vez que as vizinhas se viam, conversavam, sorriam juntas desde o início da guerra.

Tânia havia fugido para a casa de amigos em Lviv, no oeste do país. Assim que ouviu a notícia da liberação da cidade, pegou um trem de volta para Kiev. Ela queria informações sobre os vizinhos. "Sabe dizer se as pessoas foram resgatadas de lá?", aponta a jovem para um prédio no final da rua. "Ouvi dizer que havia pessoas vivas, não?". Tatiana não tinha as mesmas informações. "Infelizmente, não. Eu soube que ninguém sobreviveu", conta. Entre as frases, outros abraços. Mais lágrimas. As notícias eram ruins, mas a principal, naquele momento, era que as duas estavam juntas, vivas.

Na praça central de Borodyanka, a imensa estátua de cinco metros de altura do pintor e poeta Taras Shevtchenko (1814-1861) ainda estava lá, olhando agora para um prédio em ruínas. Shevtchenko é considerado uma figura importante da identidade nacional ucraniana, pois defendia a liberdade do seu país contra o império russo, no século XIX. Em abril de 2022, no entanto, a escultura tinha um buraco de bala na testa. Mas ainda estava ali, de pé, apesar da agressão. Uma metáfora perfeita da cidade, diziam alguns moradores.

Borodyanka contava com 13 mil habitantes. Segundo as autoridades locais, 90% dos edifícios haviam sido danificados. Talvez nem mesmo um terremoto tivesse causado tanta destruição.

Borodyanka – cidade arrasada pelos bombardeios aéreos russos.

MOTYZHIN - COLABORAÇÃO OU MORTE

Uma guerra de ocupação, em que a população local é obrigada a colaborar com o ocupante, por bem ou por mal. O vilarejo de Motyzhin é um exemplo cruel desse método de guerra. Uma pequena cidade do interior, com casas e pequenas propriedades rurais. Mil pessoas residem no município.

Lá, todos conheciam a família Sukhenko. Já fazia dezesseis anos que Olga Petrivna Sukhenko era a prefeita da cidade. Seu marido, Igor Sukhenko, conselheiro municipal.

Voltamos à cidade alguns dias depois da descoberta da vala comum onde estavam os corpos do casal e do filho Oleksandr, 25 anos, jogador de futebol profissional. Ele atuava pelo SC Chaika Petropavlivska Borshchahivka, um clube da segunda divisão do país.

Encontramos primeiro duas vizinhas da família Sukhenko. Nadiya e sua mãe moram na rua de trás. Da janela do primeiro andar, elas conseguem ver os jardins da casa da prefeita. "A gente via de longe, estávamos com muito medo, não nos aproximamos, mas eram uns quinze soldados, pelo menos", conta Nadiya.

Eles não ficaram muito tempo. Poucos minutos depois foram embora. Em seguida, a prefeita saiu e conversou com os vizinhos. "Ela nos contava tudo, o tempo todo", diz Nadiya. Segundo a prefeita, os russos mandaram que ela fosse embora, mas ela se recusou. Falou que não poderia deixar os habitantes sem ajuda, que havia muitas pessoas idosas no vilarejo e que ela tinha recebido doações de alimentos para distribuir. Apenas sua filha e a neta iriam fugir. O marido e o filho ficariam ao lado dela até o final da guerra.

O risco dos bombardeios, do confronto em si, eles sabiam que era alto. O que ninguém esperava era a crueldade dos invasores com os civis. "Apenas uma hora e meia depois, outros soldados vieram e sequestraram a prefeita e o marido", continua Nadiya, balançando negativamente a cabeça, ainda sem acreditar. "E, duas horas depois, outros soldados voltaram para buscar o filho, Oleksandr."

Enquanto isso, mãe e filha passavam os dias sem sair de casa. Observando, quando possível, o comportamento dos invasores. "No início, pensávamos que estavam perdidos; o que estavam fazendo aqui, no nosso pequeno vilarejo? Mas não, eles sabiam onde estavam", relata. Da janela, por detrás da cortina, elas viam os soldados roubando os carros. "Eles colocavam as letras V neles. Parecia que estavam bêbados. E nós iríamos fazer o quê? Estávamos sem sinal de telefonia, sem internet, sem nada. Isolados do mundo. Às vezes, não sabíamos mais nem que dia era exatamente."

No jardim da casa da prefeita, uma bandeira da Ucrânia balançava no mastro. Ela havia sido arrancada pelos russos e recolocada pelos vizinhos após a liberação. Naquele dia, enquanto fazíamos imagens da rua vazia e dos impactos de tiros nas casas ao lado, um carro para bem em frente à residência da prefeita. Era o genro, Igor. Ele havia levado a filha e a neta do casal para um local seguro. O rapaz aceita gravar entrevista e nos convida para entrar na casa.

"Aqui tem um sofá-cama, eles sempre hospedavam muita gente", conta-nos Igor, ao passar pela sala de televisão com o sofá ainda aberto. Diante de retratos da família, Igor explica por que os sogros não quiseram fugir com ele e a esposa. "Olga, o marido e o filho eram responsáveis por receber e distribuir a ajuda humanitária. Eles ficaram aqui para socorrer os habitantes. Graças a eles, muita gente pôde escapar da cidade. Eles ajudavam até mesmo os moradores dos vilarejos vizinhos", conta, com apreço pelo gesto dos sogros.

"Eu estou muito triste, mas tenho sobretudo muito respeito, muito orgulho deles. Tenho certeza de que eles morreram porque se recusaram a colaborar. Eles não se tornaram colaboradores, eles eram ucranianos."

SEIS DIAS NO PORÃO

Na mesma rua, a duas casas dali, o casal de aposentados Natalia e Mykhailo ainda está chocado com a notícia de que a prefeita havia sido torturada e executada. Eles eram amigos de longa data da família Sukhenko. "Só descobrimos que eles tinham sido assassinados quando os corpos foram encontrados, há poucos dias. Não achávamos que isso fosse possível, pensávamos que eles estavam presos em algum lugar", lamenta Natalia.

No portão da casa, eles começam a nos explicar como sobreviveram às semanas de horror com a presença inimiga. Todas as cortinas da casa estavam fechadas, a luz apagada. "Se eles vissem algum movimento, sabíamos que poderia ser o fim. Aí, quando escutávamos algum barulho se aproximando, descíamos para o porão."

Natalia nos leva, então, até lá. Da cozinha, uma porta dá acesso ao quintal atrás da casa. Ali, uma escada desce ao que deveria ser apenas um depósito para guardar ferramentas e acessórios do jardim. "Logo no início da guerra, nós preparamos o porão. Descemos camas, colchão, água, comida, nossos documentos. Ficamos seis dias sem sair", relata a senhora, colocando a mão no rosto, como se não acreditasse no que havia vivido.

"Fazia muito frio aqui embaixo, apesar de todos os cobertores que tínhamos trazido. Assim, quando tudo estava mais calmo, saíamos rapidamente para esquentar água na cozinha e trazíamos de volta para cá em garrafas, para aquecer as mãos. Ainda que não houvesse mais eletricidade, pelo menos o gás funcionava", descreve.

Apesar das condições de vida dramáticas para um casal de 70 anos, Natalia ressalta que não havia outra possibilidade. "Era nossa única esperança de não morrer numa explosão e nem com uma bala perdida. Se os militares vissem alguém na rua, eles atiravam para matar mesmo, sem hesitar", conta. "As pessoas começaram a fugir da cidade pensando que ainda havia uma estrada segura, mas os russos se escondiam na floresta e atiravam nos carros. As pessoas tinham medo, mas muitos resolveram fugir a todo custo."

Ela nos relata, ainda, o único momento em que dialogaram com os invasores. Foi alguns dias antes do sequestro da prefeita. "Eles passaram um pente-fino em todo o vilarejo, procurando por quem tivesse prestado o serviço militar. Meu marido conversou com eles e eles foram embora. Talvez por causa da nossa idade elevada...", imagina ela.

Como Nadiya, Natalia também lembra como foi difícil ficar sem comunicação alguma. Não havia mais sinal de telefone, nem rede de internet. "Ficamos completamente isolados do mundo. Não tínhamos como dar notícias nem saber o que estava acontecendo em Kiev, por exemplo. Se o exército russo havia tomado a nossa capital ou não. Foi tudo muito angustiante", lembra.

Antes de deixar a cidade, passamos no local de trabalho de Olga Sukhenko. A sede da prefeitura era agora o quartel-general da Defesa Territorial. À porta de entrada, Yuri, um civil com roupa militar, fazia a segurança com uma metralhadora Kalachnikov nas mãos. Quando questionamos sobre a possibilidade de perdoar os invasores, a resposta foi direta: "Impossível! Jamais! Não foi só aqui. Vocês viram o que eles fizeram em Bucha, Borodyanka, Makariv, Irpin, Hostomel... E olhem para lá", indica Yuri, apontando para a escola municipal que ficava ao lado da prefeitura. "Até a escola foi destruída, bombardeada."

ESTRADA SILENCIOSA

No carro, na volta para o hotel, geralmente conversamos sobre a edição da matéria. Decidir por qual imagem começar, qual entrevista, qual parte era a mais importante. Às vezes, a opção é óbvia. Mas, como a reportagem não é uma ciência exata, sempre há espaços para debates.

Naquela semana, porém, a volta para o hotel era diferente, silenciosa. Na estrada, éramos nós que precisávamos de um tempo para digerir tudo o que havíamos testemunhado. Eu, Jérémie e Maksim voltávamos calados. Pelo menos uma meia hora de silêncio, sem palavras, olhando a paisagem de destruição que desfilava pela janela. Confesso que muitas vezes segurei as lágrimas. Em outras, não as contive.

O momento mais difícil, eu sabia, ainda estava por vir. Era na edição. Na hora que iríamos ver e rever as imagens várias vezes, para decupar, cortar, finalizar a reportagem. Normalmente, editávamos uma versão curta da matéria para os jornais da manhã do dia seguinte e mandávamos o material bruto para uma versão longa que seria editada na redação, em Paris.

À noite, contudo, no chuveiro, o choro era inevitável. Cotidiano. Por longos minutos, encoberto pelo barulho da água. A madrugada não seria necessariamente de muito repouso. Como bem resumiu o jornalista Lucas Menget, ex-colega de redação, no livro *Lettres de Bagdad** (Thierry Marchaisse, 2013), sobre a cobertura da guerra no Iraque:

---

* "Cartas de Bagdá", em tradução livre, não editado no Brasil.

As noites do jornalista são longas, às vezes. Quando a noite se torna o que evitamos durante o dia. Pesadelos. Milicianos cercando um carro. Nenhuma escapatória. Bombas explodindo. Sangue nas paredes. Cabeças sem corpo na rua. Helicópteros caindo. Bombardeios atingindo o quarto. Medo. E a alegria de finalmente ver a luz do dia e as palmeiras ao vento. E pensar que as portas do asilo estão abertas para nós. É hora, sem dúvida, de sair dali. Para tentar dizer o que está acontecendo no Iraque.

No meu caso, em vez de milicianos em volta do carro ou helicópteros caindo, eram as imagens das vítimas e os rostos dolorosos dos sobreviventes que vinham à mente. A crueldade sem limite. Era preciso sair também. Para continuar a relatar aquelas histórias pessoais dos que vivem a guerra na pele. Motyzhin foi a nossa última reportagem naquela missão de abril de 2022.

CAPÍTULO 8

Luto na redação

As missões na Ucrânia representavam para Fred o profundo significado do seu compromisso profissional, razão pela qual ele escolheu esse trabalho. Ele deixou isso bem claro para nós. Tenho uma infinita admiração e respeito. E para com todos vocês que escolhem, apesar das dificuldades e dos sacrifícios, lutar para nos permitir ver, refletir, tomar posição. Tenham cuidado, vocês são essenciais para nós.

Mensagem de Sylviane Imhoff, mãe do jornalista Frédéric Leclerc-Imhoff, à redação da BFMTV.

Essas são palavras de uma mãe que perdeu um filho. De 32 anos. Morto no trabalho. Tudo que eu disser aqui será vão, comparado à dor dela.

Ainda assim, Sylviane Imhoff me autorizou a citá-la e a contar o que aconteceu no dia 30 de maio de 2022, próximo da cidade de Lysychansk, na região de Donbass ucraniano. Era a segunda vez de Fred na Ucrânia, desde o início da guerra. Colega de redação, ele era repórter cinematográfico, assim como eu, e há seis anos trabalhava para a BFMTV.

Aquela missão começa no dia 15 de maio, quando Fred e Maxime Brandstaetter, repórter, viajam de Paris para Varsóvia. Dois dias depois, eles chegam a Lviv, no oeste da Ucrânia, passando por Kiev, onde se encontram com Oksana Leuta, uma fixer que já trabalhava para o nosso canal havia algumas semanas. De lá, seguem para o sul do país, rumo às cidades portuárias de Odessa e Mykolaiv. Um ponto-chave do conflito. Os maiores portos comerciais da Ucrânia estavam fechados, paralisados, em razão do bloqueio militar imposto pelos russos.

As duas primeiras reportagens que eles realizam, por exemplo, tratam das consequências econômicas do conflito. Devido ao bloqueio, 25 milhões de toneladas de produtos agrícolas e cereais estavam retidos no país, segundo o governo. Nenhum navio pôde deixar os portos desde o início da guerra.

Em Mykolaiv, a 130 quilômetros a leste de Odessa, eles conseguem ter acesso a alguns armazéns do porto da cidade. Várias toneladas de trigo estão estocadas ali. No interior, Fred caminha com a câmera em meio aos grãos. Do lado de fora, as imagens são restritas. Parece mais uma base militar, contam eles, na reportagem.

Já os responsáveis locais explicam que não querem mostrar toda a infraestrutura por medo de um ataque aéreo. "Em nosso país, o trigo é a nossa moeda e o grão é o nosso dinheiro", diz um diretor, que prefere não ser identificado. Para ele, dar qualquer indicação do lugar onde os grãos estavam estocados seria correr um grande risco de ser bombardeado em seguida.

A cidade de Mykolaiv, aliás, era alvo de ataques cotidianos. Os russos estavam a poucos quilômetros dali. Todos os dias, mísseis atingiam a região. Era a última grande cidade sob controle ucraniano antes de Odessa. Quase que um escudo de resistência à invasão da costa sul do país.

REPORTAGEM COM CIVIS

Naquela primeira semana da equipe formada por Fred, Maxime e Oksana na Ucrânia, eu estava na redação em Paris, substituindo o meu superior direto, na função de chefe do serviço de reportagem. Era o responsável por dialogar diretamente com as equipes no campo, na França ou no exterior. Conversava todos os dias com eles por telefone, e-mail e mensagens por WhatsApp, decidindo as pautas com outros redatores-chefes e os diretores da redação.

Era o caso da matéria em que eles acompanharam um grupo de voluntários de Odessa que levava água potável para a população civil em Mykolaiv.

Numa manhã de céu azul em Odessa, eles se encontram com o jovem Sacha, que trabalhava como cerimonialista de casamento antes da guerra, mas agora era voluntário na luta de resistência. Quando ele e quatro amigos souberam que Mykolaiv estava com falta de água, decidiram ajudar. A ação inspirou muitos, e eles já eram setenta voluntários. "Na primeira vez que fomos até lá, havia seis carros. Cada um de nós contou sobre a viagem em nossas redes sociais, e amigos e amigos de amigos viram e se ofereceram para ajudar", lembra Sacha, na reportagem.

Eles coletaram água por meio de doações, receberam caminhões emprestados e estocaram os garrafões em depósitos de outros voluntários. Naquela manhã, quatro caminhões e milhares de litros de água seriam levados para Mykolaiv. Duas horas de trajeto.

Por causa dos bombardeios, os moradores estavam havia 38 dias sem água potável. As garrafas nas lojas eram raras e caras, nem todo mundo podia comprá-las. Ao chegarem, quase mil pessoas já estavam esperando sob o sol. O racionamento era necessário.

Nina, uma senhora de cabelos brancos, aposentada, recebe dois garrafões. "Eu vivo apenas com uma pequena pensão, não consigo comprar água. Temos o suficiente para comer, mas vivemos sem realmente viver", lamenta a senhora, lembrando que todas as noites há novas explosões na cidade.

No final, Sacha e os amigos voltam para Odessa a fim de coletar novas doações. Naquele mês, eles distribuíram nada menos do que 128 mil litros de água potável, contam Maxime, Fred e Oksana na reportagem.

RUMO A DONBASS

Do sul do país, a equipe pega a estrada em direção ao leste, passando por Dnipro até chegar à cidade de Kramatorsk, no Donbass ucraniano. Mais perto da linha de frente. Mais perto da população que sofria com os intensos ataques aéreos e o risco iminente de invasão das tropas russas.

Uma das matérias da equipe é na cidade de Bakhmut. Naqueles dias, em maio de 2022, dos 70 mil habitantes da cidade, menos da metade permanecia entre os prédios destruídos. Maxime, Fred e Oksana explicam na reportagem que os moradores ainda presentes são pessoas idosas e sem dinheiro para sair. Ficar é raramente uma escolha. É falta de opção.

Na rua, eles cruzam com um senhor de idade, com uma sacola plástica na mão e algumas maçãs. Gregory caminha a passos lentos. Aos 80 anos, ele viu a situação se deteriorar nos últimos dias. Durante a entrevista, mais barulho de explosões na cidade. "É assim de manhã e de noite. Acordamos com o barulho, vamos dormir com ele. E onde o próximo míssil vai cair?", Gregory faz uma pausa, antes de responder à própria pergunta: "Só o diabo sabe!".

Até a universidade já estava em ruínas. Pelo menos, três ataques atingiram os edifícios acadêmicos. A batalha de Bakhmut seria uma das mais longas da guerra. Um ano depois, os combates ainda continuavam nas ruas da cidade. Entre os destroços.

30 DE MAIO DE 2022

Naqueles dias, final de maio de 2022, duas cidades estão sob forte ataque aéreo, na iminência de serem tomadas. Sievierodonetsk, 106 mil habitantes, e Lysychansk, 100 mil, antes da guerra. Ir até Sievierodonetsk não é mais uma pauta possível: os russos já estão presentes em alguns bairros da cidade, há combate de rua, o risco seria irresponsável.

Lysychansk, no entanto, ainda está sob controle ucraniano. Bombardeada constantemente, mas acessível, com pessoas sendo evacuadas e voluntários levando alimentos para os moradores ainda presentes. Há duas grandes estradas que ligam a cidade ao resto da região. Uma, completamente fechada, pois muito próxima dos russos, inviável para os ucranianos. Já a segunda rodovia, apesar de perigosa, ainda serve aos militares e voluntários de rota de evacuação e ajuda humanitária.

Vários grupos diferentes organizam comboios para atravessar a estrada até a cidade. Voluntários em carros civis, policiais, militares. A saída desses comboios é cotidiana, porém todos os dias eles avaliam a situação e, muitas vezes, acabam cancelando a viagem por julgarem-na perigosa demais.

É essa estrada, é esse trabalho de voluntários que coloca em risco a própria vida para levar ajuda humanitária e evacuar os civis, que interessa como reportagem a Fred, Maxime e Oksana. O objetivo é acompanhá-los em uma dessas idas e vindas até o centro de Lysychansk.

Como em todas as matérias na região, as autoridades locais sempre indicam que não podem garantir 100% de segurança. O risco existe, claro, e é de conhecimento de todos. Nos dias anteriores, contudo, outros jornalistas estrangeiros tinham feito essa rota, sem incidentes.

Até o último momento, a dúvida se eles poderiam realizar a reportagem persiste. Naquela manhã, eles têm um encontro marcado às 9h, na cidade vizinha de Bakhmut, com voluntários e policiais. Era de lá que eles deveriam pegar a estrada. No caso, com algumas precauções importantes: o caminhão em que eles iriam era blindado, doado pelos ingleses, identificado como "veículo humanitário" na carroceria. O comboio seria esse caminhão de carga blindado, levando alimentos para a população, e uma van.

Entre Bakhmut e Lysychansk, o trajeto deveria durar uma hora e meia. Inicialmente, Fred, Maxime e Oksana vão na parte traseira do caminhão. Uma porta permitia o acesso entre a carroceria e a cabine do motorista. Após alguns minutos, eles se dirigem até a parte da frente, para fazer a primeira entrevista.

Na cabine, três policiais voluntários estão sentados nos quatro lugares possíveis. O motorista à direita, pois é um veículo inglês, um outro homem à sua esquerda e, atrás desse passageiro, uma terceira pessoa. Fred se coloca, então, no único lugar disponível, atrás do motorista, com a câmera para filmar a entrevista com o passageiro à esquerda do condutor, em diagonal. Oksana fica em pé na porta entre a carroceria e a cabine, traduzindo as questões de Maxime, atrás dela, e Fred, sentado no banco.

A gravação de perguntas e respostas dura entre quinze e vinte minutos. Sem problemas. A estrada é calma, não há barulho de explosões, nem perto nem longe. Em seguida, Maxime e Oksana voltam para a parte traseira do caminhão, Fred decide permanecer na cabine para fazer imagens do trajeto.

Alguns minutos depois, uma primeira explosão é ouvida. Longe da estrada. Oksana abre a porta da carroceria e toca na janela da cabine. Fred faz sinal de que está tudo bem, foi um barulho distante, único. Não foi uma sequência de explosões que indicasse um perigo iminente. Oksana volta e se senta ao lado de Maxime.

A viagem continua, até que, uns quinze minutos mais tarde, outra explosão. Muito próxima, ao lado. Em questão de segundos, o tempo para. O barulho é ensurdecedor. Sentados, Oksana e Maxime veem, logo acima deles, um buraco grande na carroceria do caminhão. Do tamanho de uma bola de futebol de salão. Um estilhaço penetrou a estrutura blindada. Furou o muro de proteção que acreditavam ter. Naquele instante, os dois se deitam no chão. O caminhão acelera. Era a única indicação que eles tinham do que havia acontecido na cabine. A aceleração do veículo dava a entender que o pior havia sido evitado, apesar do susto, do medo.

Mais cinco a dez minutos até Lysychansk. Ao chegarem, os policiais abrem a porta da carroceria, Oksana diz que estão bem, apesar de tudo. Eles descem, procuram por Fred, gritam o seu nome. Os policiais não os deixam chegar até a cabine. Jornalista e tradutora, a princípio, não entendem a negativa. Mas não demoram a compreender. Fred não responde. Está morto, vítima de um ataque russo.

A explosão perfurou o vidro da frente do veículo, onde estava o cinegrafista. Fred vestia colete e capacete à prova de balas. O estilhaço atingiu o pescoço. Fred morreu na hora, antes de qualquer socorro. Foi a única vítima do ataque promovido pelos russos. O motorista e os outros dois passageiros tiveram alguns ferimentos leves na cabeça e no corpo.

A informação de que um jornalista francês morrera na Ucrânia começa a circular no Twitter. Na redação, a notícia parece irreal. Inimaginável.

Na França, geralmente é o presidente da República que anuncia oficialmente a morte de um jornalista do país em zonas de conflito no exterior. Assim foi feito. Algumas horas depois – o tempo necessário para informar primeiro, claro, a família de Fred –, o presidente Emmanuel Macron postou uma mensagem no Twitter:

"O jornalista Frédéric Leclerc-Imhoff estava na Ucrânia para mostrar a realidade da guerra. A bordo de um ônibus humanitário, ao lado de civis forçados a fugir para escapar das bombas russas, ele foi ferido mortalmente", escreveu o presidente, antes de continuar numa segunda mensagem. "Compartilho a dor da família, dos amigos e dos colegas de Frédéric Leclerc-Imhoff, a quem envio minhas condolências. Àqueles que realizam a difícil tarefa de fornecer informações em zonas de conflito, gostaria de reiterar o apoio incondicional da França."

Logo em seguida, são os apresentadores da BFMTV que têm a difícil tarefa de noticiar ao vivo o que já era conhecido da redação. "O grupo Altice Média anuncia, com imensa dor, a morte de um dos nossos: Frédéric Leclerc-Imhoff, jornalista repórter de imagem. Ele foi morto hoje perto da cidade de Lysychansk, na Ucrânia, onde cobria a guerra para a BFMTV", leem os apresentadores, com a voz embargada, diante de fotos de Fred durante as missões. Um longo momento de dolorosas homenagens começaria.

ERA PRECISO CONTINUAR

Naquele mesmo dia, 30 de maio, no entanto, outra equipe de jornalistas do canal atravessava a fronteira ucraniana para duas semanas de cobertura. Apesar do choque, eles decidiram permanecer no país. Por Fred, me disseram, era preciso continuar.

A única diferença era que eles iriam permanecer em Kiev, onde os riscos eram bem menores. Afastados da linha de frente do conflito. Era uma medida temporária, porém necessária. O tempo do luto imediato. Tanto para aqueles que estão no campo, em risco direto, quanto para os responsáveis na redação. Todos precisávamos de um tempo de reflexão, análise. Colocar em perspectiva o nosso trabalho, o dever e o risco da informação. Uma equação sem resposta exata. Eu deveria retornar à Ucrânia na semana seguinte. Não fui. Queria estar presente nas homenagens e no enterro de Fred.

Ainda que somente na região de Kiev, a redação conseguiu manter sempre uma equipe no país. Questão de princípio. Obrigação profissional. Foi assim durante todo o verão europeu, de junho a meados de agosto de 2022. Só depois voltaríamos a cobrir a linha de frente da guerra.

O RESPEITO DE TODOS

No dia seguinte à morte de Fred, um comunicado da agência russa Tass deixa todos indignados. O texto relata o comentário de um líder separatista da República Popular de Lugansk (LPR), afirmando que Frédéric Leclerc-Imhoff não era jornalista, mas um "mercenário envolvido na entrega de armas às Forças Armadas", dizia.

Era uma acusação infame. A tal ponto que a mãe de Fred, Sylviane Imhoff, fez questão de responder publicamente, por escrito. Em um texto postado no Twitter e lido no ar, na BFMTV, ela fala diretamente aos assassinos do seu filho.

"Eu sou a mãe do jovem jornalista que vocês mataram ontem. Suas declarações me dão nojo. É claro que estão tentando covardemente limpar seus nomes, mas devem saber que jamais conseguirão manchar a memória dele. Todos aqui conhecem seu compromisso profissional e pessoal com a democracia, o respeito humano e, acima de tudo, com a informação livre, imparcial e honesta, noções que parecem muito distantes do que os move", escreve.

Ela espera que os responsáveis, um dia, paguem pelos crimes cometidos. "Hoje, meus pensamentos estão com todas as mães ucranianas que choram por seus filhos, todas as crianças ucranianas que choram por seus pais e todas as mães russas que viram seus filhos partirem cedo demais para se tornar soldados, que não os verão novamente e que estão se perguntando por quê. Eu, pelo menos, apesar da dor, sei por que meu filho morreu", conclui Sylviane Imhoff.

Além das palavras da mãe, outras homenagens aconteceram em Paris. Na Praça da República, uma manifestação realizada pela organização Repórteres sem Fronteiras reuniu centenas de pessoas.

Em três meses de guerra, Fred era o oitavo jornalista a perder a vida no conflito. No centro da praça, ao lado da estátua símbolo da liberdade, colegas da redação, familiares e amigos pessoais discursaram. Todos deixavam claro os valores humanistas do jornalista. Não poderia haver homenagem maior: o respeito daqueles que o conheceram.

CAPÍTULO 9

Trem secreto para Kiev

Segredo de Estado. Até o último momento. Já imaginou uma viagem de três chefes de Estado das principais potências europeias para um país em guerra?

A visita histórica do presidente francês Emmanuel Macron, do chanceler alemão Olaf Scholz e do presidente do conselho italiano Mario Draghi, juntos em Kiev, começou na Polônia nove horas antes, no anonimato de um trem-leito, estacionado no meio do nada, numa plataforma sem nome, ao lado de trens de carga, a 500 metros da fronteira com a Ucrânia.

Se fosse um filme, alguns diriam que o diretor havia exagerado. Caminho de terra para chegar ao trem? Plataforma de cimento quebrado, onde o mato cresce sem pudor? De fato, era um cenário surrealista que aguardava os três líderes europeus. A estrada de asfalto terminava a algumas centenas de metros dos vagões, em plena zona rural polonesa.

Era o dia 15 de junho de 2022, duas semanas após a morte de Fred e dois meses da minha última missão na periferia de Kiev.

Nós, jornalistas, chegamos à estação por volta das 21h, levados em duas vans da delegação francesa. Na plataforma, o pessoal de bordo aguardava as comitivas, com pequenos painéis nas cores da França, Alemanha e Itália. Tudo transpirava a tranquilidade e o anonimato de um pôr do sol no campo. Quase tudo.

Bastava um olhar mais atento aos policiais poloneses e aos militares das forças especiais da França, Alemanha, Itália e Ucrânia presentes para perceber a tensão daquela operação que não permitia falhas. Os riscos eram inúmeros. As consequências, imprevisíveis. A bordo, cada país estrangeiro contava com cerca de 25 militares altamente armados. Alguns, inclusive, mascarados.

OS RISCOS

Um bombardeio massivo de mísseis, um ataque de um grupo pró-Rússia ou uma sabotagem na rota do trem eram as principais ameaças. Quais seriam os efeitos políticos em caso de uma tentativa de ataque aos três líderes? "É melhor nem imaginar esse cenário", desconversou um membro da delegação francesa, poucos minutos antes, à espera do presidente Emmanuel Macron.

É nesse momento que o oficial de segurança do Palácio do Eliseu reúne o grupo de 17 jornalistas franceses para passar as regras de segurança: "É possível que haja algumas paralisações durante o trajeto, por conta de pane de energia, mas caso aconteça algum ataque ou uma forte ameaça e seja necessário evacuar o trem, cada um deve colocar o colete e o capacete à prova de balas e seguir rigorosamente as nossas ordens. Cada país é responsável pela evacuação da sua delegação. Para tranquilizá-los, saibam que um outro trem estará logo atrás, caso haja necessidade". Agradecemos as informações, mas, ao contrário da aparente calmaria, a ansiedade seria sem dúvida o sentimento mais compartilhado por todos naquela madrugada.

Por causa de pane de energia frequente nas ferrovias ucranianas em tempos de guerra, uma locomotiva a diesel foi adicionada à locomotiva tradicional. Uma preocupação a menos.

"EXPRESSO DO ORIENTE"

Eram 23h47 da quarta-feira, dia 15 de junho, quando os nove vagões fretados pelo governo ucraniano deixaram o mato da plataforma polonesa para uma longa noite de viagem em direção a Kiev. Alemanha, França, Itália. Três vagões para cada país.

Minutos depois de atravessar a fronteira ucraniana, os chefes de Estado se encontram na sala de reunião do vagão presidencial francês, situado no meio do comboio. Um vagão digno do famoso trem "Expresso do Oriente", que já ligou Paris a Constantinopla (hoje, Istambul), no final do século XIX.

Luxuoso, com uma grande mesa oval de madeira, cortinas de tecido e pinturas na parede que nada ficariam a dever a muitos palácios franceses no melhor estilo *art déco*. Único detalhe de modernidade: uma grande televisão fixada na parede.

A cena é imortalizada pelos fotógrafos. Emmanuel Macron de camisa branca, sem gravata. Olaf Scholz ainda menos formal, com camisa polo preta. Já o italiano Mario Draghi viaja com um pulôver azul sobre uma camisa branca. Atrás deles, o relógio mostra então 0h55, e o encontro duraria até as duas horas da manhã. Dois dossiês principais estão no centro das discussões: a aceitação da candidatura da Ucrânia à União Europeia e a entrega de armas ao exército ucraniano.

SIGILO ABSOLUTO

Apesar dos rumores de uma visita conjunta dos dirigentes europeus a Kiev, naquele momento poucas pessoas no mundo sabiam da existência daquele trem e daquela viagem sob altíssima proteção. Como é de praxe nesse tipo de visita, a notícia da presença de uma autoridade internacional em uma zona de conflito só é revelada pela imprensa quando ela chega ao local.

Em Paris, a direção da redação havia sido informada alguns dias antes pelo Palácio do Eliseu da viagem que seria realizada na quinta-feira, dia 16 de junho de 2022, e da possibilidade de enviar uma equipe com dois jornalistas dentro da delegação francesa que iria encontrar o presidente ucraniano Volodymyr Zelensky. O encontro deveria ser mantido em sigilo total. A informação não deveria ser compartilhada nem com os nossos colegas de redação.

Assim foi a ordem dada pelo meu redator-chefe, quando ele me ligou quatro dias antes para propor a missão de voltar a Kiev para a cobertura da visita do presidente francês.

Desta vez, o meu colega seria Ulysse Gosset. Aos 68 anos, Ulysse é hoje o principal comentarista de política internacional da redação. Mas ele é, sobretudo, uma referência do jornalismo francês. Pelo canal TF1, ele cobriu os últimos anos do regime soviético em Moscou como correspondente, de 1986 a 1993. Fluente em russo, chegou a entrevistar algumas vezes o último líder soviético, Mikhail Gorbachev. Em seguida, trocou o Kremlin pela Casa Branca. Foram dez anos nos Estados Unidos. Experiências de eventos históricos não faltam. Para mim, a impressão era a de trabalhar com um professor.

Por questão de logística e de material, apenas os chefes dos serviços de produção e segurança da TV seriam incluídos na troca de e-mails confidenciais. Informações que permaneciam bastante imprecisas: precisávamos de duas passagens de avião na quarta-feira, véspera da visita, para Varsóvia e, em seguida, Rzeszów, na Polônia, e levaríamos o kit de segurança com os coletes e capacetes à prova de balas. Era tudo que sabíamos.

Iríamos atravessar a fronteira de carro para pegar um trem em Lviv, na Ucrânia, ou iríamos de carro até Kiev? Os três chefes de Estado estariam juntos ou em comboios separados? Só teríamos as respostas para todas essas questões poucas horas antes, já na Polônia.

OS ITALIANOS FURAM O EMBARGO DA NOTÍCIA

O terceiro vagão da delegação francesa, o dos jornalistas, não tem nada do luxo do vagão presidencial. Um longo corredor dá acesso às dez cabines, com duas camas de solteiro cada uma. Um espaço reduzido, camas estreitas, mas confortável.

Pouco antes das 7h, ainda estávamos dormindo (ou cochilando, seria mais apropriado) quando um colega de rádio abre a porta da cabine: "Ulysse, João, temos um problema. Eu recebi agora uma ligação da redação em Paris, os italianos acabaram de publicar a foto da reunião no trem ontem à noite. Eles querem que eu entre ao vivo!", explicou, enquanto nós tentávamos acordar, refletir sobre o que fazer, já esperando a mesma ligação, que não tardaria a acontecer.

Ainda faltava uma hora para chegar a Kiev, onde o acordo do embargo chegaria ao fim. Mas se a imprensa italiana já havia publicado no Twitter a foto dos três líderes no trem em solo ucraniano, não fazia mais sentido segurar a informação por questão de segurança. Sem contar que a pressão de Paris ainda era maior, já que 7h (uma hora a menos, no fuso horário francês) é o horário nobre para os jornais das rádios e televisões da manhã.

Em poucos segundos, já somos vários colegas de cara amassada reunidos no corredor. "Vamos avisar ao Eliseu que vamos furar o embargo também", exclama outro jornalista, encaminhando-se para o segundo vagão, onde estava a assessora de imprensa do Palácio, para comunicar também a ela.

E, num acordo entre colegas, todos deram a notícia ao mesmo tempo. Alguns minutos depois das 7h (horário de Paris), a Agência France Presse divulga um "urgente": "Emmanuel Macron num trem para Kiev". E no trem, ao vivo por telefone, Ulysse Gosset revela os detalhes e os desafios da viagem na BFMTV.

Só meia hora depois, quando já estávamos na periferia de Kiev, conseguimos sinal de 4G suficiente para entrarmos ao vivo com imagem e som, no corredor daquele trem até então quase secreto.

"Estamos chegando a Kiev, sem nenhum incidente no trajeto", detalha Ulysse. "O objetivo dos europeus é passar uma mensagem de confiança para a Ucrânia e, ao mesmo tempo, preparar um cessar-fogo e a paz, mesmo que isso pareça completamente ilusório e impossível hoje, pois se vive um impasse tanto no campo diplomático quanto no militar", conclui, lembrando ainda que o presidente francês havia dito que deseja uma vitória militar da Ucrânia.

Era uma resposta à polêmica frase de "não humilhar a Rússia" do presidente Emmanuel Macron alguns dias antes. O líder francês fazia alusão às condições impostas em 1919 pelos vencedores da Primeira Guerra Mundial à Alemanha, com pesadas perdas territoriais e reparações, que conduziriam a uma nova guerra mundial entre 1939 e 1945.

Macron havia declarado que "não se deve nunca ceder à tentação da humilhação ou ao espírito de vingança em relação à Rússia, para que, no dia em que cessarem os combates, possamos construir uma saída pelos canais diplomáticos".

Essa frase causou várias reações de repúdio por parte das autoridades de Kiev. A resposta do presidente ucraniano veio em um vídeo publicado nas redes sociais. "O exército russo pode parar de queimar igrejas, pode parar de destruir cidades, pode parar de matar crianças se apenas uma pessoa em Moscou der essa ordem. E o fato de ainda não haver tal ordem é obviamente uma humilhação para o mundo inteiro", replicou Volodymyr Zelensky.

ENFIM, KIEV

Da janela, eu filmava ao vivo a chegada do trem à capital ucraniana. Ao entrar na principal estação ferroviária da cidade, não se viam passageiros, mas carros blindados à espera dos ilustres visitantes, estacionados em fila indiana, na própria plataforma.

O primeiro a descer é o alemão Olaf Scholz. Ainda com a camisa polo e uma pequena maleta preta na mão direita, o chanceler passa por nós sem dar entrevista. "Estou bem, obrigado", foi tudo o que disse Scholz, em inglês, ao ser perguntado sobre como estava, antes de entrar no carro.

Em seguida, é a vez da comitiva francesa deixar a estação. Nenhuma entrevista está prevista para acontecer ali. Entretanto, como jornalista, é impossível ver autoridades de Estado passarem à sua frente sem tentar uma pergunta. Ainda mais ao vivo. Sim, em Paris, até o principal programa diário de entrevista política, às 8h30, havia caído. Um programa quase intocável. Naquele dia, o convidado seria o presidente do Senado, Gérard Larcher.

A diretora da redação me contou, depois, que desceu pessoalmente ao estúdio para se desculpar com o senador, mas, como ninguém sabia a hora exata da chegada do presidente a Kiev, seria difícil ter cancelado a entrevista com antecedência. Naquele momento, porém, a notícia ao vivo virava edição especial. No estúdio, os apresentadores comentavam as minhas imagens em tempo real. Na estação de trem, Ulysse descrevia a atmosfera, aguardando a delegação francesa.

É a ministra de Relações Exteriores, Catherine Colonna, acompanhada de assessores e agentes de segurança, que aparece primeiro. Tentamos uma pergunta. "É um dia muito importante para a Ucrânia, para a Europa e, acreditem em mim, para a estabilidade do mundo", responde a ministra, caminhando rapidamente em direção ao carro que a esperava. "O presidente já vai descer, não posso parar aqui."

De fato, alguns segundos depois, Emmanuel Macron avança a passos rápidos junto com o embaixador francês em Kiev, Étienne de Poncins. *"Monsieur le président..."*, interpela Ulysse. O presidente reduz o passo. Ele sabe que estamos ao vivo. Os outros jornalistas se aproximam. A primeira entrevista é realizada ali mesmo, na plataforma da estação. "Viemos para trazer uma mensagem de união da Europa em apoio aos ucranianos e discutir sobre o presente e o futuro, pois sabemos que as próximas semanas serão muito difíceis", ressalta Macron.

BATALHA DE IRPIN: A DERROTA RUSSA

Entramos numa van da comitiva francesa sem saber exatamente para onde iríamos. Sim, o programa indicava uma rápida parada em um hotel para o presidente "se refrescar" (sem revelar qual) e, em seguida, rumo à periferia de Kiev, onde os russos cometeram inúmeros crimes de guerra. Só naquele momento ficamos sabendo qual cidade, precisamente. Confesso que imaginava Bucha, símbolo das atrocidades executadas contra os civis.

No entanto, a escolhida foi a cidade vizinha de Irpin, marco da resistência ucraniana. Em menos de trinta minutos de trajeto, o choque já é imenso. Apenas 25 quilômetros separam o centro de Kiev, até então preservado dos bombardeios russos, de uma zona de guerra. Sigo filmando tudo ao vivo, pela janela da van.

O contraste é absurdo. Parece que mudamos de país. Do barulho intenso de uma capital que revive, ao silêncio do luto de uma pequena cidade devastada.

Na entrada de Irpin, um posto de combustível completamente destruído. Lojas e casas sem teto nem janelas. Carros metralhados na beira da estrada. Um deles, com uma folha de papel A4 colada no para-brisa e escrito, como num grito de socorro: "Crianças".

Visita dos líderes europeus a Irpin, periferia de Kiev.

Antes da invasão russa, Irpin tinha 60 mil habitantes. Periferia residencial de classe média. Mais adiante, um bairro com vários prédios de uma dezena de andares. Todos parcialmente destruídos. A grande maioria completamente condenada. Prova de que a batalha de Irpin foi intensa. Batalha de artilharia. Guerra de rua. Bairro por bairro. Os russos avançaram até a última ponte que liga a cidade a Kiev. Ponte demolida pelos próprios ucranianos, numa estratégia de defesa. O rio Irpin virou fronteira. Escudo. Muro intransponível. Foi a maior derrota até então imposta ao exército de Vladimir Putin.

No dia 28 de março, as tropas do Kremlin começam a recuar. Em poucos dias, os soldados russos abandonam as posições e partem em retirada em direção à Bielorrússia, ao norte do país. A capital, Kiev, estava salva de uma invasão terrestre.

Em um mês de conflito, 351 civis e 49 militares morreram na cidade, segundo dados do governo ucraniano.

Nas ruas de edifícios abandonados, Emmanuel Macron, Olaf Scholz, Mario Draghi e o presidente romeno, Klaus Iohannis, que havia chegado a Kiev pela manhã, foram recebidos pelo ministro ucraniano da Descentralização, Oleksiï Tchernychov. "Todos esses edifícios que os senhores estão vendo são de residências civis. Não há nenhum objetivo militar aqui. É o mesmo caso em Borodyanka, Hostomel ou Bucha", ressaltou Tchernychov, na conversa em inglês em frente às câmeras. A única razão de atacar Irpin? Estar no caminho para Kiev.

Em quase uma hora de visita a pé, os quatro chefes de Estado europeus ouviram os detalhes da Batalha de Irpin.

NA FORTALEZA DO PALÁCIO PRESIDENCIAL DE MARIINSKY

De volta a Kiev, vamos rumo ao palácio presidencial para o tão esperado encontro com o presidente Volodymyr Zelensky. Apesar do forte esquema de segurança, com barreiras e checkpoints em todas a ruas próximas à sede do governo, o protocolo de aperto de mão na entrada principal é respeitado, como em tempos de paz.

É no Palácio Mariinsky que os cinco líderes se reúnem para uma discussão a portas fechadas por mais de três horas. Construído em 1744, em estilo barroco, às margens do rio Dniepre, o hoje palácio presidencial foi ironicamente uma encomenda da imperatriz russa Elizaveta Petrovna. Até a revolução bolchevique de 1917, o edifício era usado como residência para as visitas de membros da família imperial russa.

Atualmente, o palácio serve mais como local de recepção para visitas oficiais. Os escritórios de trabalho do presidente Zelensky ficam, na verdade, em um prédio próximo. Distinção que não reduz as medidas estritas de segurança para se aproximar do centro do poder ucraniano.

Nós, jornalistas, que estávamos ao vivo praticamente desde a chegada a Kiev, fomos obrigados a deixar os celulares e equipamentos de transmissão num cofre, na recepção do prédio. Questão de segurança nacional. Não havia negociação possível.

A coletiva de imprensa que ocorreria nos jardins internos do palácio teria que ser gravada e transmitida em seguida. Nenhuma transmissão ao vivo era autorizada. Naquele prédio histórico, onde os jardins estavam perfeitamente cortados e a fachada estava em um estado impecável, a impressão era de viajar no tempo novamente. Num tempo de flores, de paz, de uma *belle époque*.

Passamos quase uma hora e meia sem contato com o mundo exterior, aproveitando o céu azul e a beleza daquele parêntese no tempo. Éramos pelo menos 50 jornalistas, entre ucranianos e estrangeiros, a aguardar a chegada dos líderes políticos.

Quando os cinco chefes de Estado caminham em direção ao local da coletiva, não há um só sorriso. Zelensky em camiseta de soldado. Os outros, em terno e gravata. O clima é de tensão, o tom é grave. Estávamos num país em guerra.

Zelensky é o primeiro a falar. Agradece a presença e o apoio. Pede mais armas, afirma que, mais do que nunca, a Ucrânia deseja fazer parte da União Europeia num futuro próximo.

Draghi, Iohannis, Macron e Scholz reiteram a condenação à invasão russa ao país e anunciam que os quatro dirigentes serão favoráveis ao status imediato de "candidata oficial" à União Europeia. Um primeiro passo, num longo processo de adesão. Na semana seguinte, o Conselho Europeu, com seus 27 países, validou o status de candidatura oficial à Ucrânia e à Moldávia.

O encontro dos cinco chefes de Estado europeus chega ao fim, com outras fotos históricas. Apertos de mão e abraços efusivos, para demonstrar apoio político e militar. A coletiva dura 55 minutos e só seria transmitida após a nossa saída do Palácio Mariinsky.

ENTREVISTA COM O PRESIDENTE FRANCÊS

Doze horas depois de ter chegado a Kiev, lá estávamos novamente na estação ferroviária. O mesmo trem, os mesmos funcionários nos esperavam para mais uma noite de viagem de volta à Polônia.

Todos os compromissos diplomáticos do dia tinham se passado sem incidentes. Para nós, no entanto, um objetivo ainda estava em aberto: realizar uma entrevista exclusiva com o presidente Emmanuel Macron.

Desde a véspera da viagem, já havíamos feito vários pedidos de entrevista à conselheira de comunicação do Palácio do Eliseu. A resposta era sempre vaga: "Se for possível, com certeza". O que na prática é uma não resposta. "Mas tudo é possível", sempre repetem os assessores, para desconversar.

Às 21h, os nove vagões das comitivas presidenciais deixam a capital ucraniana. No trem, Macron realiza ainda duas reuniões bilaterais com Scholz e Draghi.

Enquanto isso, o Eliseu organiza o chamado "off" com os jornalistas franceses a bordo. É, na realidade, uma conversa informal, sem câmeras nem gravadores, em que os atores das discussões diplomáticas podem falar com mais liberdade sobre os pontos defendidos pelo presidente.

No caso, a conversa foi com a ministra de Relações Exteriores e o principal assessor diplomático do presidente. Foram 45 minutos sobre como aconteceram as negociações, quem estava mais apto ou não a ceder, quais pontos foram mais difíceis etc. Além, claro, da análise de cada um sobre tais acordos e desacordos.

São geralmente informações valiosas, que permitem uma melhor compreensão por parte dos jornalistas. Contudo, a regra de ouro do *off* é jamais citar a fonte. Nesse caso, poderíamos dizer numa reportagem que "fontes do Quai d'Orsay (o equivalente francês do Itamaraty) acreditam que...", por exemplo.

Uma pergunta que fizemos era como eles viam o voto dos 27 países do bloco sobre a aceitação da Ucrânia como candidata oficial para entrar na União Europeia. Eles já tinham a certeza de que todos os membros seriam favoráveis ou o anúncio dos quatro dirigentes presentes era uma forma de pressão aos demais membros, uma semana antes da reunião do Conselho?

Claro que ninguém é ingênuo para acreditar em tudo que se diz em *off*. É uma versão dos fatos, mas com a vantagem de ter bem menos filtros.

Após as explicações da ministra e do diplomata, enviamos uma última mensagem à conselheira do presidente, por volta de meia-noite e meia.

"Entrevista ainda possível esta noite?".

"O presidente vai descansar agora. Boa noite", respondeu.

Fomos dormir resignados, nas camas de um trem noturno. Voltaríamos para Paris sem a entrevista exclusiva, mas convictos de termos testemunhado um dia histórico na guerra diplomática do conflito.

A madrugada termina já na fronteira com a Polônia. Voltamos para o território da União Europeia, sem nenhum incidente no trajeto. Antes de atravessar a fronteira, uma última parada para que policiais ucranianos façam o controle dos passaportes. Eles passam de cabine em cabine para carimbar o documento de cada passageiro.

A viagem se aproximava do final. Lembro-me de que foi exatamente quando empurrava a mala com os nossos coletes à prova de balas pelo longo corredor do vagão, em direção à porta de saída, que percebi, ao fundo, a assessora de imprensa entrar na cabine onde se encontrava Ulysse.

A entrevista? Agora? Não tive nem tempo de refletir, quando vi Ulysse sair no corredor e me fazer sinal com a mão para acompanhá-lo, rápido. Volto para a cabine, busco a câmera e minha mochila.

A passos apressados, atravessamos o vagão dos jornalistas, passamos em frente às cabines da comitiva e entramos, enfim, no vagão digno dos melhores tempos do "Expresso do Oriente". Na sala de reunião, somos recebidos pela conselheira de comunicação. "O presidente está se despedindo do chanceler alemão agora e em seguida vem para a entrevista."

Mal tivemos tempo para organizar onde e como gravaríamos a conversa na sala, e Emmanuel Macron entra no salão. *"Bonjour, Monsieur le président"*, fazemos a saudação, com a consagrada forma de se dirigir ao chefe de Estado em francês.

A ENTREVISTA COMEÇA LOGO EM SEGUIDA

Ulysse Gosset: "Neste mesmo vagão, que já se tornou histórico – pois foi aqui que ocorreu a primeira reunião de preparação para a conferência extraordinária em Kiev –, qual é a imagem forte que o senhor vai guardar dessa visita à capital de um país em guerra, onde encontrou o presidente Zelensky e três outros dirigentes europeus?

Emmanuel Macron: "A imagem forte que ficará é a união dos países europeus, a solidariedade e o desejo de trazer uma resposta histórica à Ucrânia. Hoje existe um desejo explícito da França, Alemanha, Itália, Romênia e muitos outros que apoiam essa decisão – ontem mesmo eu liguei para o presidente polonês, que está de acordo – de conseguir a aceitação da candidatura da Ucrânia, o que é um gesto político forte. Em seguida, tem o que eu chamei de 'lista de compromissos', ou seja, de condições para abrir o capítulo das negociações. O caminho é longo para entrar na União Europeia. Contudo, é um sinal de esperança enviado pela Europa para dizer que a Ucrânia faz parte da família europeia".

Mensagem para os ucranianos, mas sobretudo uma advertência ao autoritarismo de Vladimir Putin.

Apesar da guerra e do apoio político e militar demonstrado pelos países europeus, a entrada da Ucrânia na comunidade europeia ainda levará alguns anos. "A União Europeia não é uma organização internacional, mas um projeto político de paz e de liberdade individual. Com direitos e deveres a serem respeitados por cada Estado, por isso a tal 'lista de compromissos' entregue a Volodymyr Zelensky", ponderam as autoridades francesas, três meses e meio após o início do conflito.

CAPÍTULO 10

Zaporíjia: seis meses de guerra na maior usina nuclear da Europa

O que pode ser pior que um acidente nuclear? Talvez só um acidente nuclear em um país em guerra. Planos de evacuação estavam prontos desde a construção da maior usina nuclear da Europa, em 1985. Na região de Zaporíjia, treinamentos eram feitos regularmente. Escolas e prédios públicos deveriam servir de refúgio para os moradores antes da evacuação com ônibus do Estado e do exército. Todos os cenários de fuga e retirada da população tinham um detalhe importante que agora faltava: a paz.

No final de agosto de 2022, voltamos ao país para cobrir a data simbólica dos seis meses de conflito. Naquele momento, o noticiário era dominado por um novo risco, que poderia ir muito além das fronteiras da Ucrânia e da Rússia: uma possível catástrofe nuclear na mais potente usina da Europa. A chamada central nuclear de Zaporíjia se situa, na realidade, a 60 quilômetros mais ao sul da cidade do mesmo nome. Fica no município de Enerhodar, à beira do rio Dniepre.

Com seus seis reatores nucleares VVER-1000, a usina tem capacidade para cerca de 6.000 megawatts, energia suficiente para abastecer quatro milhões de residências com eletricidade. Em tempos de paz, um quinto da energia da Ucrânia era produzido ali. Mesmo os territórios ocupados pela Rússia, em Donbass e na Crimeia, eram abastecidos pela central de Zaporíjia.

Lugar estratégico na guerra de ocupação, a zona da usina estava sob fogo cruzado desde o início do conflito. Nove dias após a invasão, na madrugada de 4 de março, tropas russas atacaram a central. Bombardeio e troca de tiros aconteceram dentro do enorme complexo da usina, ao lado dos seis reatores. Um incêndio começa.

Em um vídeo publicado pelo *New York Times* no dia seguinte, é possível ouvir uma mensagem dos funcionários ucranianos aos invasores russos pelos alto-falantes do complexo, no momento do ataque. A gravação é feita dentro da sala de controle central, por um dos empregados. Falando em russo, eles imploram: "Parem de atirar na instalação nuclear! Parem de atirar imediatamente...Vocês estão colocando em risco a segurança do mundo inteiro. A operação de uma parte crucial da usina de Zaporíjia pode ser prejudicada. Talvez não possamos restaurá-la. Atenção, parem de atirar imediatamente!", repetiam os funcionários.

Após horas de incerteza, as instalações principais não foram danificadas e o incêndio foi controlado. Para o presidente ucraniano, porém, o ataque e a invasão do complexo são algo inédito e trata-se de "terror nuclear", nas palavras dele. "Alertamos a todos para o fato de que nenhum outro país, exceto a Rússia, jamais disparou contra usinas nucleares. Esta é a primeira vez em nossa história, a primeira vez na história da humanidade. Esse estado terrorista agora está recorrendo ao terror nuclear", afirmou Volodymyr Zelensky.

Desde então, a maior e mais potente central nuclear da Europa é controlada pelos russos. Apesar do domínio dos invasores, centenas de funcionários ucranianos continuaram trabalhando, revezando-se em turnos, enquanto a própria cidade de Enerhodar era bombardeada cotidianamente. Apesar do terror dos invasores, era preciso garantir o monitoramento técnico do local. Tratava-se de segurança nacional. De todos.

A CENTRAL NUCLEAR COMO ESCUDO

Se os russos precisavam da usina para abastecer os territórios ocupados, eles também a usavam como escudo militar, para se proteger de uma contraofensiva ucraniana. Tanques e munição eram estocados no complexo. Soldados dormiam na usina. A guerra continuava em volta.

Em 25 de agosto, dois reatores da usina ainda em funcionamento, dos seis existentes, foram desconectados da rede elétrica ucraniana, após avaria nas linhas de alta tensão que fornecem energia ao complexo. Os sistemas de segurança e principalmente de refrigeração da usina requerem eletricidade permanente. Mesmo desligado, um reator necessita ser resfriado. No caso, durante o corte de energia, o sistema funcionava com geradores a diesel. Foi a primeira vez na história que a usina de Zaporíjia ficou totalmente fora da rede do país.

Felizmente, o corte não durou muito. Em menos de 24 horas, a Ucrânia restaurou a conexão da usina à sua rede elétrica, segundo a Energoatom, operadora pública das quatro centrais nucleares do país. Um susto para a população que ainda se lembra bem da catástrofe de Chernobyl, em 1986. "Se houver qualquer vazamento, eu não tenho nem dúvida, paro tudo o que estiver fazendo, pego minha família e, de carro, nós fugimos para o mais longe possível daqui. Seja lá onde for", nos disse calmamente o garçom no restaurante do hotel em Zaporíjia, quando perguntamos se ele estava preocupado com a situação. "Até lá, vou vivendo e trabalhando a cada dia", disse ele, e sorriu educadamente.

Na sede da ONU, em Nova York, o secretário-geral António Guterres voltava a pedir a criação de uma zona desmilitarizada em volta da usina. "Infelizmente, em vez de uma desescalada, incidentes ainda mais perturbadores foram relatados nos últimos dias, incidentes que, se continuados, podem levar a uma catástrofe", afirmou em um comunicado. Naqueles dias, a diplomacia internacional negociava com a Ucrânia e a Rússia o envio de inspetores membros da Agência Internacional de Energia Atômica (AIEA) para uma missão de controle e fiscalização da usina.

Kiev se dizia favorável, mas exigia que a missão internacional acessasse a central pela Ucrânia, para não legitimar a ocupação de seus territórios por tropas russas. O que significaria que os membros da AIEA seriam obrigados, em algum momento, a atravessar a linha de combate.

NOVA FRONTEIRA DA GUERRA

Já fazia alguns meses que o rio Dniepre, onde estão os reatores da usina, tornara-se também uma fronteira provisória entre os dois países. Ou melhor, a linha de frente da guerra. Toda a margem sul havia sido tomada pelos invasores, enquanto a parte norte se mantinha sob controle de Kiev. A distância entre as duas margens era de apenas quatro quilômetros. Da cidade de Nikopol, por exemplo, na margem norte do rio, é possível ver os reatores do outro lado.

Morador nos relata as adversidades enfrentadas para sobreviver aos seis meses de guerra.

Foi nesse contexto que chegamos a Zaporíjia, capital da região, situada ainda mais ao norte, à beira do rio Dniepre. Eu, Jérémie Paire, Maksim Zaitvev (nosso fixer) e Thomas Boutin, técnico em transmissão e *cameraman*.

Zaporíjia, uma cidade industrial de 700 mil habitantes. Até aquele momento, o centro da cidade estava preservado dos bombardeios. Não haviam ocorrido (ainda) explosões ao longo da rua principal – a Avenida Lenin –, que atravessa a cidade por quase onze quilômetros.

No dia seguinte, nos dirigimos à pequena cidade de Tomakvika, a 30 quilômetros da central nuclear. À sombra das árvores nesse final de verão no hemisfério norte, a tranquilidade no principal parque da cidade é enganosa. A ameaça radioativa está em todas as conversas. Até na de um pai com o filho de 5 anos. Enquanto brinca com o menino no balanço de ferro do parquinho público, Olexander conversa com o filho sobre a apreensão coletiva e tudo o que a criança poderá ouvir na rua. "Eu explico a situação para ele. Não quero que ele pense que estamos falando de algo sério. Eu tento dizer que tudo vai ficar bem, para ele não ficar com medo", conta o pai.

A alguns metros dali, sentados num banco no meio do parque, dois casais de trinta e poucos anos estão bem mais inquietos. "Claro que a gente tem medo", diz Olena, ao lado do marido. "Se explodir ou houver um vazamento, eu não consigo nem imaginar o que poderia acontecer. As tropas russas não entendem que isso vai prejudicar não só a nós, mas a eles também. Ainda haverá mais mortes. Não precisávamos dessa guerra e, se houver um acidente na usina, ainda seremos envenenados", lamenta.

PLANOS DE FUGA

O que fazer em caso de desastre? Onde e como se abrigar? É a vice-prefeita da cidade, Tamara Scherbyak, que nos convida a entrar no prédio da prefeitura. Logo no *hall* de entrada, ela nos mostra vários cartazes colados nas paredes. São instruções dadas aos moradores em caso de alerta nuclear. "Aqui vemos tudo o que cada pessoa deve levar na mala em caso de urgência", aponta Tamara. "Esse outro explica o que fazer na sua casa. Por exemplo, desligar a eletricidade e o gás, fechar as janelas e as cortinas o máximo possível, para que a radiação não entre na casa."

No papel, tudo está previsto para evacuar os habitantes da zona contaminada. Os moradores devem se reunir em determinados lugares. Ela nos acompanha, então, até um liceu agrícola da cidade. Tamara nos explica que cada residente de Tomakvika sabe exatamente onde é o seu local de encontro.

Ao chegar ao liceu, um prédio de três andares, somos recebidos pelo diretor do colégio e pela responsável do plano de evacuação da cidade, Inna Kutsenko. Subimos os dez degraus da escadaria principal até a recepção. Naqueles dias não havia alunos. As aulas estavam suspensas. "Em caso de acidente, haverá uma mesa aqui para que as pessoas possam se registrar na chegada", indica o diretor. "Em seguida, elas serão dirigidas às salas de aula, à espera dos ônibus para deixar a cidade", completa.

Segundo a lista da prefeitura, 3.760 pessoas são esperadas nesse único local. A princípio, tudo parece planejado e pronto para ser colocado em prática. Os bombardeios na região, porém, fazem as autoridades temerem o pior. "O plano de evacuação foi elaborado antes da guerra, foi desenvolvido em tempos de paz, e agora é totalmente diferente. Temos que levar isso em consideração, e é muito difícil, mas temos que fazer", afirma Inna, responsável pelo plano.

Falta de segurança e de material adequado. Um quebra-cabeça logístico que é ainda mais angustiante, pois o município carece de recursos. "As pessoas que se encarregam das evacuações não têm roupa especial nem máscaras para todo mundo", lamenta a vice-prefeita. "Se o Estado ou a região não nos ajudar, será impossível evacuar todos rapidamente. Temos apenas dois ônibus, que podem transportar noventa pessoas", desabafa, levantando a mão aberta, num gesto de impotência.

De fato, no caso de um acidente nuclear, ônibus e caminhões do exército, assim como veículos de outras regiões do país, deveriam ser enviados para resgatar a população. É, ao menos, o que prevê a estratégia teórica de evacuação. Estima-se que cerca de 50 mil pessoas teriam que ser retiradas da região.

DISTRIBUIÇÃO DE IODO

Na mesma rua do colégio, 500 metros depois, fica o centro médico da cidade. Já haviam se passado três dias desde o início de uma campanha de distribuição de comprimidos de iodo.

Quando entramos no centro, dezenas de caixas do comprimido tinham acabado de chegar. Três funcionárias estavam separando as cartelas de pílulas verdes, fabricadas em Kiev. "Nós recebemos 32 mil comprimidos de iodo. Agora temos que preparar para cada ponto de distribuição", explica a diretora do centro médico de Tomakivka, Nina Starostenko. "O comprimido protege a tireoide em caso de emissão radioativa e será entregue à população nos próximos dias. Para cada pessoa, nós damos uma folha com as instruções médicas também. Assim eles saberão quando e como tomá-los", detalha a diretora.

Segundo o comunicado das autoridades de Zaporíjia, "todos os habitantes que vivem a menos de 50 quilômetros da usina nuclear devem receber os comprimidos de iodo como medida preventiva". A mensagem oficial, no entanto, pede aos moradores que "não cedam ao pânico", lembrando que, até o momento, "nenhuma radiação foi detectada na região e que os comprimidos só devem ser tomados em caso de alerta das autoridades". Era a primeira medida concreta e preventiva para os habitantes próximos da usina.

À PROCURA DE TESTEMUNHAS

No sul da cidade de Zaporíjia, o estacionamento de um grande centro comercial servia de ponto de acolhimento para aqueles que fugiam das zonas ocupadas pelos russos. Policiais ucranianos verificavam os documentos dos que chegavam e várias ONGs tinham montado tendas de apoio, com doações de comida e roupa.

Alguns vinham justamente da cidade de Enerhodar, onde fica o complexo nuclear. Fomos até lá com o intuito de encontrar pessoas que tivessem deixado a cidade havia poucas horas. Estávamos à procura de testemunhas daquele conflito que acontecia nas ruas, em volta da maior usina nuclear do continente europeu.

Depois de uma hora no local, Maksim encontra duas mulheres, mãe e filha, moradoras de Enerhodar. Elas, entretanto, já tinham fugido da cidade havia mais de um mês. "Os bombardeios eram intensos, estávamos com muito medo", contam, sentadas num banco improvisado ao lado da tenda de uma ONG. Elas esperavam agora um ônibus que as levaria rumo a Varsóvia, na Polônia. Entrariam na triste estatística de refugiados de guerra.

Se elas não podiam testemunhar diretamente sobre a vida na cidade da usina nos últimos dias, elas nos ajudariam com uma entrevista improvável, quase impossível. Quando Maksim nos traduziu o que ele acabara de pedir, eu e Jérémie custamos a acreditar. Um parente delas (por questão de segurança, prometemos não citar o grau de parentesco exato) trabalhava na usina. Ainda estava lá. Dentro do complexo controlado pelos russos. Sem celular, ele conseguia se comunicar com elas somente por e-mail.

No caso, ela iria pedir a permissão dele para nos passar o endereço eletrônico. Cruzamos os dedos, agradecemos e desejamos boa viagem até a Polônia. À tarde, ela nos comunica que a resposta é positiva: ele diz que nem sempre poderia responder, mas que aguardava as questões e responderia o mais rápido possível. Por questão de segurança, ele havia criado um novo endereço de e-mail, só para conversar conosco. Mandamos as perguntas imediatamente.

RELATO RARO E CORAJOSO

À noite, recebemos as respostas. Ele sabe que arrisca a própria vida escrevendo para nós. Mas o faz de um computador da usina, pois o uso de celular foi proibido pelos russos, explica. As intimidações são cotidianas. "Às vezes, um grupo de soldados grita 'parem!' aos funcionários e dispara uma rajada de tiros para cima. Aí, eles fazem uma revista completa em todos, fazem buscas nas oficinas, reviram tudo. Eles procuram por telefones com câmeras e chip, que são proibidos agora. Eles dizem que, se acharem, irão em seguida revistar o nosso apartamento na cidade."

O funcionário trabalha há anos no departamento de manutenção.

Desde a tomada da central, no dia 4 de março, ele viu os russos armazenarem inúmeras armas. Segundo ele, há muitos equipamentos militares no complexo. Por toda parte, dentro e fora dos edifícios. "Alguns são até deixados ao longo dos caminhos utilizados pelos funcionários, o que nos torna um escudo humano e proteção contra os drones."

Para ele, o risco de um acidente é real. "O maior perigo é o bombardeio da usina. As armas não são muito precisas. Com o risco adicional de explosões de equipamentos militares armazenados. Isso seria um desastre."

Outro ponto importante, ele observa que os invasores já substituíram uma parte dos funcionários ucranianos. São técnicos da Rosatom (empresa pública russa de energia atômica). Ele diz que nunca viu tantos rostos desconhecidos. "Trabalho aqui há muitos anos e não conheço metade das pessoas agora. Mas é impossível dizer quantas pessoas precisamente a Rússia já trouxe."

O funcionário conta também por que não quis fugir no início da guerra. Ele sabia que a usina era um local estratégico para os russos e para a Ucrânia. Que era preciso que a central continuasse funcionando. "Para isso, eu trabalho e trabalharei mesmo sob a mira de uma arma. Sem contar que meus pais ainda estão na cidade", relata.

Os pais, inclusive, disseram para ele escapar. "Eles me falaram: 'Vá embora, nós já vivemos bastante nesse mundo, temos tudo aqui, vamos ficar, aconteça o que acontecer. Você pode se salvar', mas eu não poderia deixá-los. Assim, resolvi trabalhar até o fim pelo meu país, a Ucrânia".

Ele nos explica, ainda, que espera com impaciência a chegada dos inspetores da Agência Internacional de Energia Atômica (AIEA), mas sem muita esperança. Não acredita que a visita possa mudar o comportamento dos russos.

Seis meses depois da invasão, ele confessa que o desejo de fugir é grande. "Eu penso cada vez mais, todo dia. Mas agora é tarde", lamenta. Os russos proíbem a saída da cidade de todo e qualquer funcionário da usina. Exausto, ele sonha com um dia, nem que seja apenas um, diz ele, sem bombardeios nem ameaças.

INSPEÇÃO DA AIEA

Do hotel em Zaporíjia à central em Enerhodar, são cerca de três horas de estrada. Os catorze inspetores da AIEA seriam escoltados pelo exército ucraniano durante uma meia hora até o último checkpoint do país. Em seguida, eles deveriam seguir sozinhos, nos carros blindados da ONU, em direção à chamada "zona cinzenta" – na realidade, a linha de frente –, até encontrar os russos, do outro lado.

Na primeira tentativa, assim que chegaram ao último ponto controlado pelos ucranianos, uma série de explosões fez o comboio dar meia volta. Perigoso demais. Uma hora depois, muitas ligações e negociações, a comitiva segue viagem. Dessa vez, sem percalços no caminho. Era a primeira vez, em 65 anos de história da AIEA, que observadores internacionais atravessavam uma linha de frente de combate para proceder a uma inspeção.

O envio dessa missão foi fruto de longos debates. A delegação da AIEA era composta por catorze inspetores internacionais: da Albânia, China, França, Itália, Jordânia, Lituânia, Macedônia do Norte, México, Polônia e Sérvia. Nenhum americano, nem britânico. Era uma exigência russa. "Minha missão é evitar um acidente nuclear", havia repetido o diretor-geral da organização, Rafael Grossi, lembrando que se tratava de uma inspeção técnica. "Poderemos dizer concretamente o que está acontecendo, fazer recomendações que serão divulgadas de forma oficial e imparcial", afirmou o diretor e diplomata argentino, ele próprio integrante da comitiva.

Naquele momento, ninguém sabia – talvez nem mesmo os inspetores – ao que eles teriam acesso e quanto tempo levaria a inspeção. Tudo dependeria das condições de segurança. No total, a primeira visita durou cerca de cinco horas. Eles foram recebidos pelos novos diretores russos da usina e por jornalistas credenciados por Moscou.

Nós, e todos os outros colegas que havíamos coberto a coletiva de imprensa no hotel em Zaporíjia, ficamos à beira da estrada, no penúltimo checkpoint, à espera do retorno da comitiva no final do dia. Era o local mais seguro.

No início da noite, Grossi e uma parte dos inspetores atravessaram novamente a linha de frente e retornaram aos territórios controlados por Kiev. Eles são recebidos pelo ministro de Energia ucraniano. Ali mesmo, na estrada, eles conversam por cinco minutos, antes de uma primeira entrevista coletiva, ao lado dos carros brancos da ONU. "Vimos o que precisávamos ver", afirma o diretor-geral da AIEA. "Incluindo a integridade dos reatores, o sistema de emergência e outros locais, como as salas de controle". Grossi afirma ainda que não foi identificado vazamento radioativo, mas denuncia que "a integridade física da usina foi violada em várias ocasiões", fazendo alusão aos tiros e bombardeios que ocorreram dentro do complexo da central.

Para continuar o trabalho de inspeção do local, seis observadores da AIEA permaneceriam no local por mais alguns dias. Desde então, equipes da agência internacional se revezam regularmente na usina. Em meados de setembro, entretanto, os dois reatores ainda em funcionamento foram desligados. Até abril de 2023, a central continuava sob o domínio russo, sem fornecer energia, porém sendo alimentada pela rede ucraniana.

SEIS MESES DE GUERRA, CINCO MESES LONGE DE CASA

Nos dias seguintes à passagem dos representantes da AIEA, nós nos concentramos novamente nas histórias individuais daquela população que já afrontava meio ano de guerra.

No dia 31 de março, a aposentada Olga, de 65 anos, fugiu das explosões em Lysychansk, na região de Donbass. Desde então, a sua cidade está sob domínio das tropas russas. Seu bairro não tem água nem eletricidade. Mas ela quer voltar. "Como dizemos na Ucrânia, na sua própria casa, até as paredes nos ajudam a aguentar", lembra ela, sentada em caixas de papelão, num estacionamento no meio do barro, à beira da estrada.

Foi justamente por essa rodovia, ao sul de Zaporíjia, que passou, na véspera, o comboio oficial dos inspetores internacionais. Naquela tarde de quase 30 graus, o estacionamento parecia mais um campo de refugiados improvisado. Centenas de pessoas passavam dias e noites ali, à espera de uma autorização dos militares ucranianos.

Zaporíjia – cansados do exílio forçado, muitos ucranianos decidem voltar para suas casas, apesar da ocupação russa.

Aquela estrada era a única via de acesso aos territórios ocupados do sul e do leste do país. Impossível atravessar a "fronteira da guerra" sem uma autorização, que leva vários dias para ser obtida.

No caso de Olga, já são duas noites que ela dorme numa van, com outros amigos da cidade, à espera do tal documento dos militares. Quando questionada sobre o que os ucranianos pensam sobre seu desejo de voltar e viver sob o domínio inimigo, a resposta é educada, mas curta: "Eu prefiro ficar calada, não quero falar sobre isso".

Ao lado dela, outra senhora aposentada – que prefere não ser identificada – acabara de passar cinco meses em um abrigo perto da fronteira polonesa. Ela também havia fugido da guerra, após trinta noites escondida num porão. "Não tenho mais medo depois de tudo que vivemos. Estávamos no meio de bombardeios, explosões, destruição", conta a mulher de 59 anos. Ela deseja retornar sozinha para sua cidade natal, em Donbass.

Sua filha e seu genro ficaram no oeste do país. "Eu quero voltar para ver como está a minha casa, ir aos túmulos dos meus pais...", conta ela, em lágrimas e com a voz embargada. "As pessoas precisam entender que construímos tudo sozinhos por lá, não podemos deixar tudo para trás."

Todos os dias, dezenas de carros são escoltados pela polícia até o último checkpoint ucraniano. De lá, eles seguem sozinhos na estrada, rumo à zona cinzenta, antes de encontrar o exército russo. Eles tinham fugido da guerra. A fadiga e o desespero, porém, os levam a retornar. E enfrentar o desconhecido.

VIVER SOB O RITMO DOS BOMBARDEIOS

Enquanto isso, a 45 minutos dali, os bombardeios continuavam. Todos os dias. Fomos à cidade de Orikhiv, mais a leste, um dos últimos municípios antes da linha de combate.

Ao chegarmos, uma primeira cena nos chama atenção. Uma mulher empurra um carrinho de criança, à beira da rodovia que vai em direção ao centro da cidade. A rua está vazia, mas não silenciosa. O barulho de explosões é constante. Uma, duas, três consecutivas. E a mulher continua empurrando o carrinho com o filho de 2 anos. A passos rápidos, sem correr. "Sim, estamos com medo, mas estamos acostumados. Sabemos onde nos esconder, como nos abaixar se houver alguma explosão perto. Raramente saímos de casa, é assustador aqui", nos explica ela, indo encontrar o marido, que trabalha como voluntário na Defesa Territorial. Enquanto ela fala conosco, outra explosão.

Viver ao ritmo dos ruídos abafados das explosões. É o cotidiano dos 5 mil habitantes ainda presentes dos 15 mil que a cidade tinha antes da invasão.

Logo adiante, é Valeriy, 56 anos, quem nos chama no meio da rua. Ele quer nos mostrar uma cratera em seu jardim. Sem camisa, nervoso e com pressa, ele abre o portão da casa e nos leva até a parte de trás do terreno. Uma bomba havia caído no dia anterior. Felizmente, ele não estava lá. Ele nos explica que sua filha fugiu para se refugiar na casa de amigos, na Itália, algumas semanas antes, enquanto ele ficou para cuidar da mãe, de 87 anos, na casa dela, em outro prédio da cidade. Impossível, diz ele, deixar o lugar onde viveram a vida toda, apesar das condições degradantes. Há semanas que eles estão sem água encanada e a falta de eletricidade é diária.

Ao mesmo tempo, numa outra rua da cidade, uma aparência de vida quase normal. Duas vans brancas montaram uma pequena feira de frutas e legumes na calçada. Pimentão, tomate, batata. Os clientes, no entanto, não parecem ter saído às compras. É com colete e capacete à prova de balas que um casal, de trinta e poucos anos, escolhe os legumes. "Quando estamos na rua, usamos sempre os equipamentos de segurança. Tentamos nos proteger para sobreviver", conta a mulher. Os dois fazem parte dos voluntários da Defesa Territorial.

O jardim de Valeriy, a escola infantil, a maioria dos estabelecimentos comerciais, a prefeitura... Mais de dois terços dos edifícios de Orikhiv já foram destruídos ou, ao menos, danificados. A situação é tão crítica que as autoridades locais pediram a todos os habitantes que deixassem a cidade. Uma evacuação total, como ocorreu em alguns vilarejos de Donbass. "Trabalhando no plano de retirada dos moradores, percebemos que nem sabemos qual ponto de encontro escolher, pois já não há mais prédio público que não tenha sido atingido pelos bombardeios", explica o prefeito da cidade, Anatoliy Hvorostianov. Não havia data prevista para as próximas evacuações.

VONTADE DE VIVER

De volta a Zaporíjia, a menos de uma hora de carro da guerra de Orikhiv, o contraste é surreal. Na capital da região, a vida seguia quase normal. Lojas, restaurantes, bares... tudo estava aberto. As pessoas passeavam, brincavam, dançavam, iam à praia do rio Dniepre, naquele final de verão ucraniano.

Tudo isso, ritmado pelos sons dos alarmes antiaéreos que todos acabavam ouvindo sem realmente escutar. Além do toque de recolher, que obrigava todos a retornarem às suas casas antes das dez horas da noite.

São os paradoxos da guerra longa. Ou a capacidade humana de se adaptar. Ou, talvez, apenas a vontade de viver.

Até então, os bombardeios eram frequentes, principalmente de madrugada, mas na periferia de Zaporíjia, não no centro da cidade. Isso já era suficiente para tranquilizar uma parte da população. E manter essa vontade de viver, como se a guerra – ali ao lado – não existisse na cidade.

EPÍLOGO

Uma guerra imperialista

Caro leitor, se você disser a um ucraniano que a guerra começou na madrugada do dia 24 de fevereiro de 2022, muitos o corrigirão na hora. Não, a guerra promovida pela Rússia começou em 2014, eles dirão, na invasão da Crimeia e dos territórios na região de Donbass. Foi ali que o direito internacional moderno foi violado por Moscou.

Desde 1945, a Carta da Organização das Nações Unidas (ONU) impõe a proibição de agressão entre Estados e guerras de conquistas. O uso legal da força por um Estado (exceto em casos de autodefesa) está sujeito à autorização prévia do Conselho de Segurança. As fronteiras são, portanto, consideradas invioláveis e seus traçados não podem mais ser questionados pelo uso da força. O objetivo é evitar as guerras do passado. Impedir que a história se repita.

Além do texto fundamental das Nações Unidas, outros tratados regionais foram assinados pela Rússia desde a Segunda Guerra Mundial e mesmo após a queda da União Soviética. Foi o caso do acordo conhecido como "Memorando de Budapeste sobre Garantias de Segurança", realizado na capital húngara, em 1994. No documento, a Ucrânia renuncia ao seu arsenal nuclear em troca da garantia de sua integridade territorial, que deveria ser protegida pela Rússia, pelos Estados Unidos e pelo Reino Unido.

Até aquele momento, a Ucrânia possuía, em seu solo, o terceiro maior conjunto de armas nucleares do mundo. Eram armas da ex-União Soviética. O país tinha a posse, mas não o poder operacional de utilização. Com o acordo, o arsenal de 176 mísseis intercontinentais e 1.500 ogivas nucleares foi entregue à Rússia. O ano de 2014 marca, então, o momento em que todos esses acordos passaram a ser desrespeitados pelo atual chefe do Kremlin.

"NOVA RÚSSIA"

Para justificar a anexação da Crimeia e o apoio militar aos rebeldes pró-Rússia em Donbass, Vladimir Putin utiliza, pela primeira vez, um termo que vem da época do império dos czares: *Novorossia*, ou Nova Rússia, referindo-se às regiões do leste e do sul da Ucrânia.

Estamos em abril de 2014. Em um pronunciamento na televisão, ele explica que os territórios que vão desde a região de Donbass, passando por Mariupol, Melitopol, Kherson, Mykolaiv, Odessa, até a fronteira com a Moldávia, são áreas que pertencem historicamente a Moscou. "Essas regiões não faziam parte da Ucrânia na época dos czares, elas foram dadas a Kiev pelo governo soviético na década de 1920. Por quê? Só Deus sabe!", afirma Putin, indignado, no vídeo.

O discurso era um prenúncio do que aconteceria na Ucrânia oito anos depois. Para defender as operações militares no país vizinho, Moscou lembra outro ponto primordial da carta fundadora da ONU: "O princípio da igualdade de direitos e da autodeterminação dos povos", como afirma o segundo parágrafo do primeiro artigo do texto. Ou seja, cada povo tem ou deveria ter a opção livre e soberana de determinar a forma do seu regime político, independentemente de qualquer influência estrangeira.

Por isso, os referendos organizados na Crimeia e nas duas regiões separatistas de Donbass, Donetsk e Luhansk. Se a população decide que deseja integrar a Rússia, argumenta Putin, ela deve ter o direito de escolher o próprio futuro.

A Ucrânia contesta essa justificativa, denunciando o uso da força abusiva, com soldados russos sem identificação presentes nas ruas das cidades. Para Kiev e grande parte da comunidade internacional, os referendos foram uma farsa, realizados sem nenhuma liberdade para um debate político contraditório.

CRIMEIA: O CASO DE KOSOVO

Outro argumento russo é citar o precedente de Kosovo, que proclamou a própria independência da Sérvia, de forma unilateral, em 2008, e foi reconhecida por mais de cem países, como Estados Unidos, França, Alemanha e Portugal. Já o Brasil mantém a posição de que Kosovo faz parte da Sérvia.

Nos antigos países iugoslavos, no entanto, o contexto era bastante diferente do Leste Europeu. A independência de Kosovo não foi promovida por um país estrangeiro desejando expandir seu território, por exemplo. Kosovo não se tornou parte da Albânia. A independência foi proclamada quase dez anos depois do massacre contra a comunidade albanesa, organizado pelo líder sérvio Slobodan Milosevic.

No caso ucraniano, a população de origem russa não estava sendo ameaçada ou perseguida em 2014. Nem em Donbass, nem na Crimeia. A península ao sul do país, aliás, é um caso singular. É fato que o referendo organizado no dia 16 de março de 2014 foi autoritário, imposto pela pressão das armas, pela presença de soldados russos no país.

Apesar disso, os ativistas pró-Maidan, em Simferopol, admitiam que mesmo um referendo dentro das regras democráticas, muito provavelmente, daria vitória aos russos. Talvez por isso e, sobretudo, para evitar um maior atrito com Moscou, a comunidade internacional aceitou, de fato, a anexação. Não, claro, sem condená-la oficialmente e impor algumas sanções econômicas. Questão de princípios.

Nada, contudo, que impedisse a continuidade das relações políticas e comerciais com o Kremlin. A Copa do Mundo de 2018 é a prova de que o mundo fechou os olhos para a invasão, esperando que fosse um ato isolado. Era só o início.

Situação muito diferente das outras partes do país, como no caso das repúblicas separatistas de Donetsk e Luhansk, que ocupam um terço da região de Donbass. Conversando com os ucranianos, não ouvi uma só pessoa defender um cessar-fogo, aceitando a perda desses territórios. Muito menos as cidades de Mariupol e Melitopol, no mar de Azov, mais ao sul, destruídas e ocupadas desde o início da guerra. Para muitos deles, os horrores cometidos nessas regiões são humanamente imperdoáveis e politicamente inaceitáveis.

CRIMES DE GUERRA

Crimes de guerra são violações das "leis e costumes de guerra", conforme definido pelas convenções de Genebra e de Haia. Resumidamente, eles incluem ataques deliberados a civis, tortura, assassinato ou maus-tratos a prisioneiros de guerra.

Neste livro, eu contei alguns dos inúmeros casos dos quais fui testemunha e que poderiam ser julgados como crimes de guerra. Civis torturados, mortos com as mãos amarradas em Bucha. Tiros na cabeça, execuções sumárias em Motyzhin. Milhares de vidas interrompidas pela brutalidade humana.

Ainda assim, a lista de possíveis crimes de guerra é muito maior. Muito além do que contém este livro. São relatos de estupros contra mulheres na região de Kharkiv, sequestros de centenas de crianças, sobretudo na região de Kherson, que foram enviadas para a Rússia sem o consentimento dos pais ucranianos. Deportação. Literalmente, vidas roubadas.

Em abril de 2023, a justiça ucraniana afirmava já ter aberto mais de 70 mil processos sobre crimes de guerra cometidos pelos soldados russos e seus aliados. Do bombardeio de uma maternidade em Mariupol até execuções arbitrárias realizadas por separatistas pró-Rússia em vilarejos no interior do país. Os investigadores tentam identificar os responsáveis pelos diversos abusos cometidos contra a população civil, em pouco mais de um ano de guerra.

AGRESSOR E VÍTIMA

É sempre bom lembrar que nesse conflito existe, sim, um agressor e um agredido. Não, a guerra não acontece na fronteira entre dois países, onde cada um tenta conquistar o território alheio. Não, a Rússia não respondeu a uma ameaça de um ataque invadindo primeiro. A ofensiva ocorre unicamente em terras ucranianas.

Em 24 de fevereiro de 2022, Moscou lançou uma guerra total. Moderna e, ao mesmo tempo, antiga. Com drones atacando, monitorando e protegendo ambos os lados. Com trincheiras que lembram cenários trágicos de filmes da Primeira Guerra Mundial. Centenas de quilômetros cavados em solo ucraniano, em volta das cidades e nas zonas rurais.

Trata-se, diante disso, de um invasor, conquistador. Que, pela força das armas, busca dominar um território vizinho. Além do mais, baseado no pretexto de uma ameaça irreal – um suposto ataque ocidental – e o argumento de que um dia aquelas terras já pertenceram ao antigo império russo.

Já imaginou a caixa de Pandora que seria aberta se muitos países decidissem fazer o mesmo? Por exemplo, um novo Tratado de Tordesilhas poderia redividir a América Latina entre Portugal e Espanha? Afinal, os dois países foram donos dessas terras durante alguns séculos, diriam eles. E nós, latino-americanos, ainda falamos português e espanhol, argumentariam. Colonialismo, submissão, ou simplesmente a história sendo reescrita pelo mais forte.

Em continente europeu, voltaríamos ao tempo das guerras de conquistas territoriais sem fim. Com um agravante terrível: a arma nuclear. A bomba atômica, na realidade, é o principal escudo de proteção de Putin. Arma de chantagem massiva. Uma ameaça que ele utiliza sem hesitação. "Claro que as potências militares dos países da OTAN e da Rússia não são comparáveis, porém a Rússia tem o maior arsenal de armas nucleares", disse ele, calmamente, ao lado do presidente francês Emmanuel Macron.

Era uma coletiva de imprensa em Moscou, no dia 7 de fevereiro de 2022, duas semanas antes do início da invasão total da Ucrânia. "Os outros países não teriam nem tempo de reagir", continuou Putin. "Evidentemente, o presidente Macron não deseja esse cenário. Eu também não", concluiu, olhando para o francês, com um leve sorriso no rosto. Intimidação e ameaça.

Um ano depois, o impasse da guerra foi resumido nas palavras do secretário-geral da ONU, António Guterres: "O sistema multilateral está sob uma pressão maior do que em qualquer outro momento desde a criação das Nações Unidas", alerta o diplomata português. É a pior crise política e militar desde o fim da Segunda Guerra Mundial.

"FECHEMOS ESTE LIVRO"

Se foi um jogo de futebol que me levou pela primeira vez à Ucrânia, em 2013, foi também o futebol que me afastou da cobertura do conflito, nove anos depois. No final de 2022, jogando com colegas da redação, lesionei o joelho, fui operado e não pude retornar à Ucrânia nas semanas seguintes, como previsto. Longos meses afastado, impossibilitado de relatar a guerra que continuava.

Ouso, por fim, citar as palavras de Euclides da Cunha, autor de *Os Sertões*, o primeiro livro-reportagem brasileiro: "Isto é o depoimento simples e sincero de uma testemunha pouco afeiçoada à lisonja banal e inútil".

Como escreveu o engenheiro e jornalista carioca sobre os acontecimentos no interior da Bahia, "Canudos não se rendeu. Fechemos este livro".

Tampouco a Ucrânia se rendeu. E, ao contrário do destino trágico do arraial liderado por Antônio Conselheiro, a resiliência do povo ucraniano, aliada à ajuda internacional, impõe um forte combate ao invasor russo. Uma luta diária por um só objetivo: viver livre. Em paz.

MATRIX